ŒUVRES

DE

SAINT-SIMON & D'ENFANTIN

PRÉCÉDÉES DE DEUX NOTICES HISTORIQUES

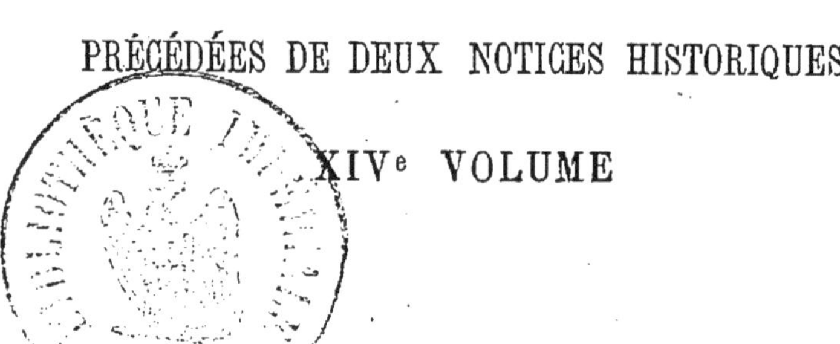

XIVe VOLUME

IMPRIMERIE DE L. TOINON ET Ce, A SAINT-GERMAIN.

ŒUVRES

D'ENFANTIN

PUBLIÉES PAR LES MEMBRES DU CONSEIL

INSTITUÉ PAR ENFANTIN

POUR L'EXÉCUTION DE SES DERNIÈRES VOLONTÉS

PREMIER VOLUME

PARIS
E. DENTU, ÉDITEUR
LIBRAIRE DE LA SOCIÉTÉ DES GENS DE LETTRES
PALAIS-ROYAL, 17 ET 19, GALERIE D'ORLÉANS

1868

ŒUVRES D'ENFANTIN

AVANT-PROPOS

L'exposition publique de la doctrine de Saint-Simon, commencée à la fin de 1828, avait été continuée avec succès pendant les années suivantes jusqu'à la révolution de juillet 1830. Nous avons dit dans les *Notices historiques*[1], que Bazard avait été chargé spécialement de cet enseignement oral, dont les éléments étaient d'ailleurs préparés, de séance en séance, dans les réunions du collége.

Les progrès du Saint-Simonisme, la nouveauté des idées que ses propagateurs annonçaient avec une hardiesse et une confiance apostoliques, lui avaient suscité d'ardents adversaires et de violents accusateurs, soit parmi les vieux croyants, soit dans le camp des sceptiques. Pour les plus modérés, ce n'était, à leurs yeux, qu'une école philo-

1. Deuxième volume. — Page 29.

sophique, préoccupée spécialement des questions économiques et des intérêts industriels, et à laquelle ils reprochaient seulement d'être trop empreinte de l'*esprit de secte*.

A la première séance de la seconde année de l'exposition, Bazard avait fait justice de cette appréciation superficielle en ces termes :

« Nous n'avons point l'*esprit de secte*, car dans le sens que l'on donne à ce mot, l'esprit de secte porte ceux qui en sont animés à repousser tout ce qui les entoure; nous, au contraire, nous allons au-devant de tous les partis, nous les appelons avec amour, car si nous rejetons les systèmes sur lesquels ils s'appuient, les faits qu'ils voudraient produire, nous trouvons que leurs efforts contradictoires prennent leur source dans des sentiments également légitimes. C'est ainsi que nous sympathisons avec les hommes qui essaient de ramener la société en arrière, pour leur amour de l'ordre et de l'unité; que nous sympathisons encore avec ceux qui les combattent pour le sentiment progressif qui les anime. Nous appelons les uns et les autres à se réunir à nous, car nous pouvons offrir aux premiers l'ordre et l'unité qu'ils aiment, et aux seconds le progrès qu'ils désirent. C'est parce que la doctrine de Saint-Simon a la puissance de *rallier* tous les sentiments, toutes les idées, tous les intérêts, aujourd'hui divergents, qu'elle est une doctrine générale, qu'elle est une RELIGION. »

Il est vrai que, tout en reliant par une égale et commune sanctification les divers éléments de l'existence universelle, les organes du Saint-Simonisme avaient cru devoir accentuer plus vivement cette consécration religieuse à l'égard des manifestations de l'être infini que le dogme incomplet du spiritualisme absolu avait religieusement subalternisées et flétries, et que la théologie dominante maintenait obstinément sous le coup de cet anathème, au risque de se rendre de plus en plus incompatible avec les progrès scientifiques et industriels de la société moderne. « L'aspect le plus frappant, le plus neuf, sinon le plus important du progrès général que l'humanité est aujourd'hui appelée à faire, consiste, avait dit Bazard, parlant au nom du collége, *dans la réhabilitation de la matière;* réhabilitation, avait-il ajouté, qui ne pourra avoir lieu qu'autant qu'une conception religieuse nouvelle aura fait rentrer dans l'ordre providentiel et en Dieu même cet élément, ou plutôt cet aspect de l'existence universelle que le christianisme a frappé de sa réprobation. » (*Exposition*. — 2e année. — 6e séance.)

Cette conception religieuse avait donc été abordée, exposée, développée dans la séance suivante. Deux ans plus tard, au moment de la retraite de Bazard, Enfantin ouvrit dans le sein de la famille Saint-Simonienne, une série d'enseignements destinés à compléter l'exposition doctrinale, en indiquant et en caractérisant les améliorations sociales que la propagation pacifique du dogme nouveau devait amener dans l'ordre moral et dans l'ordre industriel, par l'affranchissement de la femme et du prolétaire. Les cinq premiers de ces enseignements furent publiés par le *Globe;* nous les réimprimons aujourd'hui avec les treize derniers restés jusqu'ici inédits. C'est dans cette parole intime qu'Enfantin a expliqué avec le plus de précision, de clarté et de puissance, la doctrine Saint-Simonienne telle qu'il la déduisait des œuvres du maître et particulièrement du *nouveau christianisme.* Il en fit un magnifique résumé dans une note dont la lecture solennelle devant la cour d'assises de la Seine, le 8 avril 1833, fut suivie d'un acquittement qui annonçait un progrès dans l'appréciation des idées nouvelles par le jury parisien.

Cependant, malgré toutes les explications dogmatiques d'Enfantin et de ses disciples, malgré toute la force démonstrative de leurs raisonnements pour légitimer leur prétention de posséder et de propager la pensée le plus complétement religieuse, parmi toutes les théologies anciennes et modernes, le Saint-Simonisme continua d'être méconnu par les spiritualistes des diverses communions chrétiennes et par les idéalistes des écoles philosophiques, lesquels s'accordaient pour le considérer comme purement matérialiste, comme venant en conséquence livrer le monde à un industrialisme corrompu et corrupteur. Cette accusation, qui coïncidait d'ailleurs avec le reproche contraire que les sensualistes adressaient aux disciples de Saint-Simon, d'incliner vers le *mysticisme;* cette accusation vulgaire se maintint d'autant plus que les Saint-Simoniens témoignèrent chaque jour davantage par leurs actes, par l'initiative qu'ils prirent ou le concours qu'ils apportèrent dans les grands travaux entrepris en France et hors de France, que l'aspect le plus frappant, sinon le plus important du progrès général immédiatement réalisable, consistait toujours pour eux dans la réhabilitation de la matière. Mais les accusateurs, s'ils eussent été plus sérieux dans leurs attaques, auraient pu se convaincre que les apôtres du *nouveau christianisme* ne séparaient pas cette réhabilitation d'une conception religieuse qui portait en elle-même le frein à opposer à la prépotence absolue ou exagérée de l'élément matériel. Enfantin, qui était le gardien le plus ferme et le plus élevé de ce frein religieux, put avec cette égide traverser, la tête haute, la foi vive et la prophétie intacte, les phases les plus périlleuses de la fièvre d'enrichissement que les austères professeurs de l'idéalisme doctrinaire avaient rendue involontairement contagieuse par quelques mots encourageants. Heureux sans doute d'assister au mouvement gigantesque imprimé à l'industrie sur tous les points du globe, et d'avoir pu s'y associer et y marquer sa place tant sur le sol étranger et lointain que dans son propre pays, Enfantin prévoyait très-bien toutefois que l'élan aventureux de la spéculation, inséparable de l'activité et des prodiges de la production, amènerait inévitablement, tôt ou tard, faute d'être religieusement contenu, des crises, des souffrances et des mécomptes plus ou moins déplorables, et dont le spiritualisme intolérant des séminaires et l'idéalisme superbe des académies ne manqueraient pas de se prévaloir à l'unisson pour perpétuer l'anathème traditionnel lancé contre la matière, et pour dénoncer comme corruptrice la doctrine particulièrement favorable par essence au développement et à l'élévation de la puissance industrielle et financière. Mais ses prévisions n'ébranlaient nullement ses convictions et ses espérances touchant la possibilité et la nécessité d'une progressive transformation du travail matériel en pratique religieuse. Il s'en expliquait nettement, dès 1853, dans la lettre suivante, adressée à un officier supérieur, son ancien collègue dans la commission scientifique d'Afrique :

Lyon, le 11 avril 1853.

« Oui, mon cher ami, je nous crois *provinciaux*, exilés pour assez longtemps, c'est vous dire que je crois plus que vous, peut-être, à la durée de la phase politique et sociale dans laquelle nous sommes entrés le 2 décembre. Comme je ne compte pas le moins du monde sur Henri V, ni même sur les princes d'Orléans, ni sur quelque Cavaignac que ce soit, pour faire mieux que ce que l'on fait aujourd'hui, je ne désire encore aucun changement. Ceci, il est vrai, n'est que négatif, mais comme je sais parfaitement que le grand œuvre se continue, et qu'en ce moment surtout le repos politique lui est nécessaire ; comme je vois se préparer et se propager les instruments de la véritable évolution du monde : chemins de fer, télégraphie, bateaux à vapeur, photographie, ballons même, et que rien de grand ne peut se faire sans que ces instruments soient créés, sans qu'on ait appris généralement à s'en servir, je craindrais tout changement actuel, car il n'apporterait que du retard dans un progrès qui s'accomplit en dehors de la politique, et qui est plutôt favorisé que gêné par le gouvernement actuel.

» Voici Panama qui avance, il faudra bien que Suez arrive. Le chemin de fer du Caire se fait, il faudra bien que le canal du Caire se fasse aussi. Les paquebots de la Méditerranée sont concédés, il faudra bien, un de ces jours, concéder ceux de la mer Rouge et de la mer des Indes, car on va concéder ces jours-ci les bateaux transatlantiques. Si la France fait en ce moment des choses immenses, que ne font pas l'Angleterre, la Russie et les États-Unis! C'est prodigieux le travail de création qui s'opère en ce moment. Eh bien, pour un travail de ce genre, soyez-en sûr, il n'est pas nécessaire, il n'est pas même bon de beaucoup causer, ni de beaucoup écrire. La tribune et la presse *doivent* se taire pour un temps, afin que le marteau retentisse seul là où parlait la poudre, afin que l'homme écrive sur le sol ses hiéroglyphes de fer, et non sur le papier des rébus politiques.

» C'est fichant, à la vérité, que nous soyons tellement imparfaits, nous autres hommes, qu'il nous soit impossible, par exemple, de parler et manger à la fois, ou de marcher et dormir dans le même instant. De même les peuples ne font pas en même temps cette double opération de la conception et de la réalisation des idées, et il est bien certain que pour la cristallisation de cette essence, pour l'incarnation de ce Verbe de Dieu, l'agitation des esprits n'est point nécessaire, qu'elle est même contraire. — Les fonctions internes et externes de l'organisme humain remplissent *successivement* leur rôle, sinon d'une manière absolue, du moins d'une façon prédominante de la part des unes ou des autres.

» En ce moment, cher ami, l'industrie s'organise sans rien dire, mais en faisant beaucoup ; elle s'organise par corps, par masse dans des proportions d'armées inouïes, de puissances colossales. Les moindres usines se constituent en sociétés anonymes; une affaire de cent millions n'est plus qu'une affaire moyenne; le titre de propriété se transforme ou du moins se prépare à une transformation générale par le Crédit foncier, le Crédit mobilier, les actions et les innombrables sociétés anonymes; les frontières des peuples sont percées, trouées, démantelées par les chemins de fer, la télégraphie et la contrebande, et plus encore par l'instinct universel du même être. D'un autre côté, toutes les questions politiques, philosophiques, morales qui dominaient la société depuis quarante ans, c'est-à-dire qui étaient l'objet des études des hommes que la société reconnaissait pour ses chefs, à la fin de l'Empire, sous la Restauration et Louis-Philippe, ces grands problèmes qui faisaient l'illustration des Benjamin Constant, Royer-Collard, ou Guizot et Thiers, ou Chateaubriand et Lamennais, tout cela est aujourd'hui dégringolé du sommet de la société et forme tout au plus le domaine des pédants de collége. — Les questions sociales elles-mêmes ne sont plus, comme en 1830, le patrimoine des jeunes polytechniciens, ou comme en 1848 des jeunes avocats sans cause et médecins sans malades, elles se sont infiltrées plus bas encore, elles circulent dans le peuple à l'état d'atomes homéopathiques et plus haut aussi, dans la bourgeoisie, par leur arome insaisissable; mais elles n'ont plus de représentants spéciaux : non-seulement personne n'oserait se déclarer hautement socialiste aujourd'hui, mais personne ne s'inquiète beaucoup s'il l'est ou ne l'est pas, et où est le drapeau de la secte. — L'esprit dort, la chair veille et travaille.

» Elle est hideuse parfois; sa voracité insatiable

se montre souvent dégoûtante à la Bourse; mais bien aveugles sont ceux qui ne voient pas sous cette gueule béante, sous ces yeux avides, des épaules d'Hercule et des bras de géant. Le monstrueux colosse pétrit la terre en ce moment et lui fait suer l'or de toutes parts, il en relie toutes les parties avec le fer, il l'électrise de sa volonté, il lui communique sa soif de richesses, il la grise de sa propre ivresse : ils ont la force et le vertige, les *manieurs* de la matière, et, dans leur bacchanale, ils maudissent l'esprit, l'idée, si bien qu'on pourrait la croire perdue et retournée à Dieu, mais elle est toujours là, la maligne, elle est là qui se frotte les mains et qui dit tout bas : Allez, chantez, cancanez, bambochez; travail et terre, vous enfantez, vous créez un nouveau monde.

» Soyons tranquilles, cher ami; que ce nouveau monde naisse entouré de toutes ces ordures, nous le laverons; mais qu'il naisse, lui que nos malheureux parleurs et écrivailleurs tenaient enfermé dans la matrice divine; qu'il naisse enfin, lui que nous avons appelé si ardemment, au point de nous faire condamner comme infâmes; qu'il naisse au prix du silence imposé même à l'idée qui l'a conçu, ce nouveau monde, nous y gagnerons au moins le silence de tous ces grands esprits qui nous traitaient de rêveurs immoraux, de dégoûtants matérialistes. La matière le leur rend, c'est bien justice.

» P. ENFANTIN. »

C'est ainsi qu'Enfantin répondait d'avance aux interprétations inintelligentes et aux attaques injustifiables qui se sont produites plus vivement que jamais après sa mort, au sujet d'événements qu'il avait prévus et dont il avait parfaitement dégagé sa responsabilité doctrinale, soit dans la lettre que nous venons de citer, soit pendant tout le cours des enseignements que nous publions.

Les membres du conseil institué par Enfantin pour la publication de ses œuvres :

Arlès-Dufour, légataire universel; Arthur Enfantin; César Lhabitant; Laurent (de l'Ardèche); Henri Fournel; Adolphe Guéroult.

ŒUVRES D'ENFANTIN

LES ENSEIGNEMENTS

PREMIER ENSEIGNEMENT

(28 NOVEMBRE 1831)

TRANSFORMATION DU DOGME. — RÉHABILITATION DE LA CHAIR

ENFANTS,

Je vous ai déjà dit que nous allions entrer dans une phase nouvelle, et vous avez dû voir, par les réunions de la famille et par la séance publique d'hier[1], que le caractère général de la Doctrine était complétement changé, que le *dogme* serait momentanément éclipsé, que notre *culte* et notre MORALE seraient au contraire développés; mais je n'ai pas pour cela voulu dire qu'il ne fût pas nécessaire de faire aujourd'hui un retour sur notre

1. Voir *le Globe* du 28 novembre.

science ; car nous ne pourrions pas marcher avec succès dans la carrière nouvelle qui nous est ouverte, si nous ne nous faisions pas une idée exacte des divers développements qui ont été donnés depuis plusieurs années au *dogme trinaire* posé par SAINT-SIMON lui-même.

Lorsque vous vous livrerez à cette étude, vous remarquerez qu'on retrouve dans tous les travaux de notre maître un jeu continuel des *trois* faces de la vie : d'abord dans les travaux *métaphysiques, philosophiques* et *scientifiques* auxquels il s'est livré pendant la première partie de sa vie ; ensuite dans les travaux *politiques, économiques* et *industriels* qui les ont suivis, et enfin dans le NOUVEAU CHRISTIANISME, forme définitive, RELIGIEUSE et MORALE, qui est la dernière sous laquelle il a présenté ses idées, et qui nous a donné à tous la vie nouvelle.

Vous reconnaîtrez aussi que nous avons présenté l'idée de la *trinité* dans le PRODUCTEUR sous ces noms : ARTISTES, *savants* et *industriels ;* que, plus tard, Eugène et moi, nous l'avons formulée d'une manière beaucoup plus nette, lui particulièrement dans les Lettres à Bürns, si bien qu'on peut dire que le dogme trinaire, politique et théologique, était déjà posé, lorsque furent faits les enseignements de Bazard, renfermés dans le second volume de l'Exposition.

Vous aurez maintenant à voir comment toutes ces transformations que notre dogme a subies, sont enchaînées d'une manière logique et indestructible. Ce travail sera fait avec ensemble par quelques personnes sous la direction de LAMBERT; mais vous avez besoin de vous en occuper tous en particulier, si vous voulez comprendre l'enseignement que je commence aujourd'hui, et sentir les explications que je vais vous donner sur les passages des livres de la doctrine dans lesquels le *dogme* a été successivement formulé.

Or, de tous ces livres, les deux plus importants sont le *Nouveau Christianisme*, qui renferme le résumé des idées de SAINT-SIMON sur cette matière, et le second volume de l'*Exposition*, rédigé par BAZARD. C'est pourquoi je vais aujourd'hui vous parler seulement de ces deux livres.

Dans tout ce que je vous dirai, je supposerai que vous êtes tous bien fixés sur le *dogme* auquel l'humanité s'arrête aujourd'hui définitivement, sur celui qui lui explique l'UNION des *deux principes* jusqu'ici en LUTTE dans le monde : l'*esprit* et la *matière*. J'insisterai surtout sur les phrases qui, dans les deux ouvrages dont je viens de vous parler, constatent qu'aujourd'hui ce que nous, *apôtres*, avons surtout à faire SENTIR, *connaître* et *pratiquer* au monde, c'est la RÉHABILITATION DE LA CHAIR, l'organisation et l'affranchissement de l'*industrie*, et la constitution d'un *culte* puissant; plus tard, nous parlerons spécialement de ce qui concerne la *femme*.

Lorsque Eugène et moi nous jetâmes les premières bases du dogme trinaire, sous sa forme théologique, nous n'avions pas compris encore combien ce dogme avait été profondément SENTI par SAINT-SIMON dans le NOUVEAU CHRISTIANISME. Votre père RODRIGUES était le seul qui nous répétât sans cesse que ce livre renfermait l'enseignement le plus élevé qu'il fût donné à l'homme de recevoir. Et nous, conduits par nos travaux à faire des recherches sur la constitution scientifique du dogme trinaire chrétien, sur celle des dogmes anciens, nous justifiâmes bientôt à nos propres yeux ce problème de la trinité, comme étant le plus élevé que l'homme puisse se poser. L'un de nous laissa échapper cette phrase, qui fut depuis répétée dans les Lettres d'Eugène : *Qui ne comprend pas la Trinité ne comprend pas Dieu*. Ce mot fut une vraie révélation pour la doctrine. Tous ceux qui l'entendirent, et en particulier votre père RESSÉ-

GUIER, eurent peine à en comprendre la portée. C'est alors seulement qu'en relisant le NOUVEAU CHRISTIANISME, nous reconnûmes que l'idée de la Trinité y était reproduite à toutes les pages, sous une foule de formes différentes, telles que celle-ci :

MORALE, *Dogme*, *Culte*.

BEAUX-ARTS, *Science*, *Industrie*.

Nous nous étonnions d'avoir passé si longtemps devant ce problème éternel de l'humanité, sans nous être aperçus qu'il devait être résolu par nous : en même temps toutes les phrases, toutes les indications qui ne nous avaient pas frappés à l'époque du *Producteur*, nous affermissaient, Eugène et moi, dans la croyance que notre formule du dogme panthéistique trinaire était la vraie formule Saint-Simonienne. Voici quelques-unes de ces phrases :

« Le NOUVEAU CHRISTIANISME[1], de même que les » associations hérétiques, aura sa MORALE, son *culte* » et son *dogme*. Il aura son clergé, et son clergé » aura ses chefs. Mais, malgré cette similitude d'or- » ganisation, le nouveau christianisme se trouvera » purgé de toutes les hérésies actuelles ; la doctrine » de la MORALE sera considérée par les nouveaux » chrétiens comme la plus importante ; le *culte* et

1. Page 19. (Nouvelle édition du *Nouveau Christianisme*.)

» le *dogme* ne seront envisagés par eux que comme » des accessoires ayant pour objet principal de fixer » sur la MORALE l'attention des fidèles de toutes les » classes. »

Dans les passages suivants vous trouverez indiquée l'idée de la RÉHABILITATION DE LA CHAIR, dont je vous parlais tout à l'heure :

« Le véritable christianisme[1] doit rendre les » hommes heureux, non-seulement dans le ciel, » mais sur la TERRE.

» Ce n'est plus sur des idées abstraites que vous » devez fixer l'attention des fidèles; c'est en em- » ployant convenablement les idées SENSUELLES, » c'est en les combinant de manière à procurer à » l'espèce humaine le plus haut degré de félicité » qu'elle puisse atteindre pendant sa vie TERRESTRE, » que vous parviendrez à constituer le christia- » nisme, religion générale, universelle et unique. »

Plus loin on trouve le passage suivant :

« Il est une autre unité[2] bien plus importante à » établir; je veux parler de l'unité de BUT pour les » travaux des chrétiens, pour ceux de toute l'es- » pèce humaine. C'est un BUT bien clair, bien gé- » néral, bien positif, bien PHYSIQUE que vous

1. Page 54. (Nouvelle édition du *Nouveau Christianisme.*)
2. Page 59, *id.*

» devez présenter aux hommes, pour rendre le
» christianisme prépondérant sur le MAHOMÉTISME,
» sur la religion de FOË, sur celle de BRAMA, sur
» toutes les religions enfin, ainsi que sur toutes les
» institutions TEMPORELLES. Le BUT général que
» vous devez présenter aux hommes dans leurs
» TRAVAUX, c'est l'amélioration de l'existence mo-
» rale et PHYSIQUE de la classe la plus nombreuse,
» et vous devez produire une combinaison d'orga-
» nisation sociale propre à favoriser davantage cet
» ordre de TRAVAUX, et à assurer sa prépondérance
» sur tous les autres, de quelque importance qu'ils
» puissent paraître. Pour améliorer le plus rapide-
» ment possible l'existence de la classe la plus
» PAUVRE, la circonstance la plus favorable serait
» celle où il se trouverait une grande quantité de
» TRAVAUX A EXÉCUTER, et où ces travaux exige-
» raient le plus grand développement de l'intelli-
» gence humaine. Vous pouvez créer cette cir-
» constance; maintenant que la dimension de notre
» planète est connue, faites faire par les *savants*,
» par les ARTISTES et les *industriels*, un plan gé-
» néral de TRAVAUX à exécuter pour rendre la
» possession TERRITORIALE de l'espèce humaine la
» plus PRODUCTIVE possible, et la plus AGRÉABLE
» à habiter sous tous les rapports.

» La masse immense de TRAVAUX que vous dé- » terminerez sur-le-champ contribuera plus effi- » cacement à l'amélioration du sort de la classe » PAUVRE que ne pourraient le faire les aumônes » les plus abondantes; et par ce moyen les RICHES, » LOIN DE S'APPAUVRIR PAR DES SACRIFICES PÉ- » CUNIAIRES, S'ENRICHIRONT EN MÊME TEMPS QUE » LES PAUVRES.

» Jusqu'à présent le clergé n'a donné aux fidèles, » pour l'emploi de leur vie, qu'un but MÉTAPHY- » SIQUE, le paradis céleste; il en est résulté que » les ecclésiastiques se sont trouvés investis de pou- » voirs tout à fait ARBITRAIRES, et dont ils ont » abusé de la manière la plus EXTRAVAGANTE et la » plus ABSURDE : ainsi les uns ont persuadé à leurs » clients que pour obtenir le paradis ils devaient » se DÉCHIRER LE CORPS à coups de discipline; les » autres que c'était en portant un CILICE qu'ils de- » vaient se MARTYRISER; d'autres, qu'il fallait se » PRIVER de NOURRITURE; d'autres, que c'était du » POISSON qu'il fallait MANGER, et qu'on devait » S'ABSTENIR de VIANDES; et d'autres, qu'il fallait » lire tous les jours une effroyable quantité de » prières, presque toutes insignifiantes, et écrites » dans une langue ignorée de la très-grande ma- » jorité des fidèles; d'autres, qu'il fallait passer

» une grande partie de la journée à genoux dans » les églises, toutes choses qui ne pouvaient nullement contribuer à l'amélioration du sort de la » classe PAUVRE.

» Cette conduite du clergé a pu et a dû avoir lieu » à l'époque de l'enfance de la religion; mais aujourd'hui que nos idées à cet égard se sont éclaircies et précisées, la prolongation de pareilles » mystifications serait déshonorante pour la cour » de Rome. Certainement tous les chrétiens aspirent à la vie éternelle; mais le seul moyen de » l'obtenir consiste à travailler DANS CETTE VIE à » l'accroissement du BIEN-ÊTRE de l'espèce humaine.

» L'espèce humaine éprouve dans ce moment » une grande crise intellectuelle; TROIS nouvelles » capacités se montrent, les BEAUX-ARTS reparaissent, les *sciences* viennent se superposer à » toutes les autres branches de nos connaissances, » et les grandes combinaisons *industrielles* tendent » plus directement à l'amélioration du sort de la » classe PAUVRE, qu'aucune des mesures prises » jusqu'à ce jour par le pouvoir temporel ainsi que » par le pouvoir spirituel.

» Ces TROIS capacités sont de l'ordre pacifique; » il est par conséquent de votre intérêt, de l'inté-

» rêt du clergé de se combiner avec elles. Au
» moyen de cette combinaison, vous pouvez en peu
» de temps, et sans éprouver de grands obstacles,
» organiser l'espèce humaine de la manière la plus
» favorable à l'amélioration de l'existence morale
» et physique de la classe la plus nombreuse. Par
» ce moyen le pouvoir de César, qui est impie dans
» son origine et dans ses prétentions, se trouvera
» complétement anéanti. »

Voici encore une des formes sous lesquelles, dans le NOUVEAU CHRISTIANISME, se trouve clairement indiqué le principe d'ASSOCIATION, d'UNION, d'HARMONIE, de RELIGION qui doit RÉUNIR les deux aspects selon lesquels l'humanité s'est jusqu'à présent développée, gouvernée et par conséquent battue, car la vie humaine a été considérée jusqu'ici, par les chefs des peuples, surtout comme un temps de guerre :

« Depuis l'établissement du christianisme[1] jus-
» qu'au XVe siècle, l'espèce humaine s'est princi-
» palement occupée de la *coordination de ses sen-*
» *timents* GÉNÉRAUX, de l'établissement d'un
» *principe* UNIVERSEL *et* UNIQUE, et de la fondation
» d'une *institution* GÉNÉRALE ayant pour but de

1. Page 93. (*Nouv. éd.*)

» superposer l'*aristocratie des talents* à l'*aristo-* » *cratie de la naissance*, et de soumettre ainsi tous » les *intérêts* PARTICULIERS à l'*intérêt* GÉNÉRAL. » Pendant toute cette période, les observations di- » rectes sur les *intérêts* PRIVÉS, sur les *faits* PAR- » TICULIERS et sur *les principes* SECONDAIRES ont » été négligées, elles ont été décriées dans la » masse des esprits, et il s'est formé une opinion » prépondérante sur ce point, que les principes » SECONDAIRES devaient être déduits des *faits* GÉ- » NÉRAUX et d'un *principe* UNIVERSEL ; opinion » d'une vérité purement spéculative, attendu que » l'intelligence humaine n'a point les moyens d'é- » tablir des GÉNÉRALITÉS assez précises pour qu'il » soit possible d'en tirer, comme conséquences di- » rectes, toutes les SPÉCIALITÉS...

» Depuis la dissolution du pouvoir spirituel euro- » péen, résultat de l'insurrection de Luther, depuis » le XVe siècle, l'esprit humain s'est détaché des » *vues les plus* GÉNÉRALES ; il s'est livré aux SPÉ- » CIALITÉS ; il s'est occupé de l'*analyse des faits* » PARTICULIERS, des *intérêts* PRIVÉS des différentes » classes de la société; il a travaillé à poser les » *principes* SECONDAIRES qui pouvaient servir de » bases aux différentes branches de ses connais- » sances; et, pendant cette seconde période, l'o-

» pinion s'est établie que les considérations sur » *les faits* GÉNÉRAUX, sur *les principes* GÉNÉRAUX » et sur *les intérêts* GÉNÉRAUX de l'espèce hu- » maine, n'étaient que des considérations vagues » et métaphysiques, ne pouvant contribuer effica- » cement aux progrès des lumières et au perfec- » tionnement de la civilisation.

» Ainsi l'esprit humain a suivi, depuis le XVe siè- » cle, une marche opposée à celle qu'il avait suivie » jusqu'à cette époque : et certes les progrès im- » portants et positifs qui en sont résultés dans toutes » les directions de nos connaissances prouvent ir- » révocablement combien nos aïeux du moyen âge » s'étaient trompés en estimant d'*une utilité mé-* » *diocre* l'étude des *faits* PARTICULIERS, *des prin-* » *cipes* SECONDAIRES, *et l'analyse des intérêts* » PRIVÉS.

» Mais il est également vrai qu'un très-grand » mal est résulté pour la société de l'état d'aban- » don dans lequel on a laissé, depuis le XVe siècle, » les travaux relatifs à l'étude *des faits* GÉNÉRAUX, » *des principes* GÉNÉRAUX *et des intérêts* GÉNÉ- » RAUX. Cet abandon a donné naissance au *sentiment* » *d'*ÉGOÏSME, qui est devenu dominant chez toutes » les classes et dans tous les individus. Ce senti- » ment, devenu dominant dans toutes les classes et

» dans tous les individus, a facilité à CÉSAR les » moyens de recouvrer une grande partie de la » force politique qu'il avait perdue avant le XVe siè- » cle. C'est à cet ÉGOÏSME qu'il faut attribuer la » maladie politique de notre époque, maladie qui » met en souffrance tous les travailleurs utiles à » la société; maladie qui fait absorber par les rois » une très-grande partie du salaire des pauvres » pour leur dépense personnelle, pour celle de » leurs courtisans et de leurs soldats; maladie » qui occasionne un prélèvement énorme de la » part de la royauté et de l'aristocratie de la » naissance sur la considération qui est due » aux *savants*, aux ARTISTES et aux chefs des » travaux *industriels*, pour les services d'une uti- » lité directe et positive qu'ils rendent au corps so- » cial.

» Il est donc bien désirable que les travaux qui » ont pour objet le perfectionnement de nos con- » naissances relatives *aux faits* GÉNÉRAUX, *aux* » *principes* GÉNÉRAUX et *aux intérêts* GÉNÉRAUX » soient promptement mis en activité et soient » désormais protégés par la société, *à l'égal* de » ceux qui ont pour objet l'étude *des faits* PARTI- » CULIERS, *des principes* SECONDAIRES et *des inté-* » *rêts* PRIVÉS . . . .

» Je prouverai encore[1] que l'adoption du Nou-» VEAU CHRISTIANISME accélérera les progrès de la » civilisation infiniment plus qu'ils ne pourraient » l'être par toute autre mesure générale, en faisant » marcher de front les travaux relatifs aux *géné-» ralités* des connaissances humaines, et ceux qui » ont pour objet le perfectionnement des *spécia-» lités.* »

Le Nouveau Christianisme se termine par ce passage :

« Enfin dans un troisième dialogue[2], je traite-» rai directement du nouveau christianisme ou du » christianisme définitif. J'exposerai sa MORALE, » son *culte* et son *dogme;* je proposerai une pro-» fession de foi pour les nouveaux chrétiens. »

Ces citations vous indiquent le genre de recherches que vous avez à faire sur les travaux de la doctrine. Ces recherches, je vous les demande, comme étant l'accomplissement d'un devoir religieux. Vous ne serez sûrs de l'*enseignement* de votre foi qu'à la condition d'avoir fait de pareils travaux.

A ce sujet je vous ferai remarquer que vous avez jusqu'à présent si peu l'habitude du maniement de

1. Page 98.
2. Page 95.

la *Trinité*, que vous ne savez pas en faire usage, sans vous priver de toute puissance POÉTIQUE, sans quitter le caractère d'ARTISTE pour revêtir celui de *savant* : et cependant je vous prédis qu'avant peu il ne sortira pas un écrit, une page, une phrase d'une plume Saint-Simonienne, qui ne soit empreint de notre dogme, qui ne reporte la pensée sur les TROIS faces de la VIE, c'est-à-dire sur cette admirable trinité, DIEU, *l'homme* et *le monde*, L'INFINI, *le moi* et *le non-moi*. Alors, seulement, il ne sera pas plus difficile de distinguer un ouvrage SAINT-SIMONIEN d'un ouvrage CHRÉTIEN, qu'il ne l'est de distinguer un livre CHRÉTIEN d'un livre PAYEN : au lieu qu'aujourd'hui on nous dit souvent, et avec raison : *votre style est empreint de christianisme*. Je vous le répète : voulez-vous faire cesser ce reproche ? Étudiez notre *dogme*, notre *trinité*, reproduisez-les dans tous vos travaux.

Je vous parlerai dans notre prochain enseignement des lettres d'Eugène à Bürns, c'est pourquoi je vous engage à les relire attentivement avant cette époque. Aujourd'hui je vais prendre dans le deuxième volume de l'*Exposition* la sixième leçon, qui a pour but la RÉHABILITATION DE LA CHAIR. Elle est ainsi conçue :

« Au commencement de cette Exposition[1], nous
» avons dit que l'humanité s'acheminait vers un
» état de choses où la distinction établie aujour-
» d'hui entre l'ordre *religieux* et l'ordre *politique*
» disparaîtrait, et où tous les hommes, ne formant
» qu'*une seule* société, ne reconnaîtraient plus
» qu'*un seul* pouvoir. Pour justifier cette prévision,
» qui se rattache à une conception religieuse nou-
» velle, nous avons dû revenir sur le passé, et par-
» ticulièrement sur la dernière époque organique,
» qui, naturellement aujourd'hui, doit le plus
» préoccuper les esprits qui cherchent à établir un
» lien entre le passé et l'avenir. En vous rappelant
» sommairement les faits qui se rapportent à la
» lutte que l'on voit régner pendant tout le cours
» de cette époque entre la société religieuse et la
» société politique, et qui viennent aboutir, dans le
» moyen âge, à la division du pouvoir en spirituel
» et temporel, notre but a été de vous montrer les
» véritables causes de cette division, son utilité, et
» son caractère nécessairement provisoire, ou plu-
» tôt transitoire.

» De tout ce que nous avons dit dans ce but, une
» impression, sans doute, vous sera restée ; c'est la

1. *Exposition de la Doctrine de Saint-Simon*. 2e année, p. 80.

» prédilection que nous avons témoignée pour l'ins-
» titution catholique, ce sont les efforts que nous
» avons faits pour justifier ce qui, dans cette insti-
» tution, a été si généralement condamné dans le
» cours des trois derniers siècles. Deux considéra-
» tions principales devaient naturellement nous
» placer à ce point de vue : l'une, qui était de vous
» mettre sur la voie de comprendre le progrès nou-
» veau auquel l'humanité est appelée, et qui se
» rattache principalement à celui que le catholi-
» cisme lui a fait faire; l'autre, de justifier l'idée
» fondamentale de la doctrine de Saint-Simon, en
» mettant en évidence, dans le développement du
» christianisme, la loi providentielle du progrès
» donné à l'humanité, loi qui se trouverait néces-
» sairement infirmée si l'on ne pouvait faire sentir
» ou démontrer qu'une doctrine, qui, pendant
» quinze siècles, a régné sur les esprits, a été pro-
» gressive aussi bien que l'institution qui l'a
» réalisée.

» En nous efforçant ainsi, et par ces motifs, de
» réhabiliter le catholicisme, quant à l'influence
» qu'il a exercée sur les sociétés pendant tout le
» temps de sa plénitude et de sa vigueur, nous
» n'avons pas prétendu ramener à cette doctrine
» les intelligences et les cœurs qui s'en sont éloi-

» gnés. Le catholicisme, c'est-à-dire en définitive » le christianisme parvenu au plus haut degré de » développement et de perfection auquel il pou- » vait atteindre, a pour jamais accompli sa destina- » tion. Rendons un dernier hommage à ce grand » système : c'est lui qui a brisé les chaînes de l'es- » clave; c'est lui qui a tiré la femme de l'état d'a- » baissement auquel le règne exclusif de la *force* » l'avait condamnée; c'est lui qui nous a révélé » l'aspect *spirituel* de notre nature, et qui nous a » appris à nous soumettre à l'autorité d'une loi » purement MORALE; c'est lui qui, du cercle étroit, » de la sphère inférieure, de la famille et de la » patrie, a étendu, élevé nos sympathies jusqu'à la » fraternité universelle.

» Mais, après avoir payé au catholicisme ce der- » nier tribut d'amour et d'admiration, tournons » nos regards vers l'avenir, aux portes duquel il » nous a conduits sans pouvoir nous les faire fran- » chir, et que désormais son seul titre à notre re- » connaissance soit de nous avoir préparés à cet » avenir, de nous avoir mis en état de désirer et » de concevoir la religion nouvelle qui va nous le » révéler.

» Dans notre dernière réunion nous avons dit que » si le catholicisme, malgré le caractère progressif

» dont il était revêtu, n'était point parvenu à dé-
» truire la société militaire, à soumettre à sa loi
» l'ordre politique tout entier, c'est qu'il avait
» laissé en dehors de sa *sanctification* une des ma-
» nières d'être importantes de l'existence humaine,
» la manière d'être *matérielle,* qu'il n'avait com-
» prise dans son dogme que pour le frapper d'ana-
» thème. C'est de ce point de vue que nous avons
» aujourd'hui à considérer le christianisme, dans
» le but de montrer, dès à présent, et d'une ma-
» nière directe, le progrès LE PLUS IMPORTANT que
» la conception religieuse de l'avenir doit présenter,
» par rapport à celle qui vient de finir, le progrès
» social LE PLUS IMPORTANT, par conséquent, que
» l'humanité ait à faire.

» En avançant précédemment que la division
» des pouvoirs établie au moyen âge avait pour ori-
» gine directe ces paroles célèbres : *Mon royaume*
» *n'est pas de ce monde, rendez à César ce qui*
» *est à César et à Dieu ce qui est à Dieu,* nous
» avons ajouté que ces paroles elles-mêmes, indé-
» pendamment de la justification qu'elles pouvaient
» recevoir de l'état dans lequel se trouvait le monde
» à l'époque où elles furent prononcées, avaient
» une raison plus profonde encore dans le dogme
» théologique de la *chute des anges, du péché*

» *originel, de l'élection et de la réprobation, du*
» *paradis et de l'enfer.*

» Habitués comme nous le sommes par la philo-
» sophie critique à rire de ces croyances, à ne les
» considérer que comme des aberrations de l'esprit
» humain, que comme des hors-d'œuvre en quel-
» que sorte, qui apparaissent au milieu des pro-
» duits plus sérieux de son activité, nous devons
» avoir peine à comprendre qu'elles aient pu avoir
» quelque relation avec le sort des sociétés : et
» cependant c'est d'elles seules que l'époque où
» elles ont régné reçoit sa physionomie et son
» caractère, c'est par elles seules que l'on peut
» s'expliquer la nature des idées MORALES qui signa-
» lèrent cette époque, et l'état dans lequel s'y
» trouvèrent la *science* et *l'industrie.*

» Peu de mots suffiront pour rendre le sérieux à
» ces croyances, pour faire comprendre l'influence
» qu'elles ont eue sur les destinées de l'humanité,
» pour montrer que leur règne est fini, comme
» celui de l'ordre social qui les a réfléchies, et pour
» indiquer enfin celles qui doivent prendre leur
» place.

» Dans tout le passé nous trouvons établi, comme
» conception fondamentale de l'esprit humain, le
» dogme de *deux principes;* l'un auteur de tout

» *bien*, l'autre de tout *mal*. Le fétichisme, dans les » êtres, dans les formes de la nature qu'il person- » nifie et déifie, en reconnaît de *favorables* et d'*en-* » *nemis*. Le polythéisme a eu ses dieux *bons* et ses » dieux *mauvais* ou infernaux, et la guerre des » Titans contre Jupiter atteste assez, dans cette » théogonie, l'existence des *deux principes*. L'an- » tique théologie orientale, plus savante que les » autres, nous présente le *bien* et le *mal* dans deux » personnifications principales. Enfin, dès les pre- » mières pages de *la Genèse*, on voit le principe » du *mal*, dont l'histoire n'est pas donnée, appa- » raître pour corrompre l'ouvrage de la divinité, » pour séduire l'homme, pour le faire déchoir, et » devenir ainsi, dans le monde, la cause du péché » et de la mort.

» Le christianisme n'a point échappé à ce *dua-* » *lisme* primitif qui, du point de vue où nous som- » mes placés en ce moment, et par rapport à l'a- » venir, constitue sans contredit son aspect le plus » important. Et cependant, nous devons nous hâter » de le dire, le christianisme présente à cet égard » un progrès immense sur toutes les théologies qui » l'ont précédé. Dans celles-ci, en effet, le bien et » le mal apparaissent comme étant coéternels : le » christianisme a mis fin à cette croyance.

» En présence des hérésies des gnostiques, et » particulièrement de celle des manichéens, qui » donnaient pour base à la religion nouvelle les » traditions orientales sur les *deux principes*, les » Pères de l'Église ont établi ce dogme : qu'un » Dieu bon avait *seul* existé de toute éternité, que » les démons avaient été bons dans l'origine, et » n'étaient devenus mauvais que par suite de leur » révolte ; que l'homme aussi avait été créé dans » l'état d'innocence, et n'était déchu de cet état que » pour avoir cédé, en faisant usage du libre arbitre » qui lui avait été donné, aux séductions des anges » tombés.

» Toutefois, quelque grand que soit ce progrès, » si on le considère comme devant servir de pré- » paration à celui qui reste à faire sous ce rapport, » ses conséquences sur le christianisme lui-même, » sur l'ordre MORAL créé par lui, et sur la destinée » sociale de la portion de l'humanité soumise à sa » loi, ne se firent que faiblement sentir. En effet, » par le dogme de la chute des anges et de celle de » l'homme, les chrétiens et les manichéens admet- » taient que le *bien* et le *mal* se trouvaient mêlés, » confondus dans le monde ; que l'homme, durant » sa vie terrestre, était sans cesse attiré, sollicité par » *deux principes* contraires, qui, à un jour su-

» prême, celui du jugement dernier, devaient se
» partager l'espèce humaine pour l'éternité ; ce qui
» se trouva clairement exprimé par le dogme de
» l'*élection* et de la *réprobation*, du *paradis* et de
» l'*enfer*. — Le christianisme est donc encore pro-
» fondément empreint du dogme antique et primitif
» de *deux principes*, c'est-à-dire de l'ANTAGONISME
» UNIVERSEL. Mais ce qui nous importe surtout de
» considérer ici, c'est la caractérisation qu'il a don-
» née du *mal*, c'est la source qu'il lui a assignée.
» L'Église, sans doute, admet bien que, par le
» péché originel, l'homme a été à la fois frappé de
» déchéance dans *son esprit* et dans sa *chair* ; mais
» dans l'élaboration successive de ce dogme, on le
» voit peu à peu oublier la *déchéance de l'esprit*, ou
» au moins la tenir dans l'ombre, pour mettre de
» plus en plus en saillie la *déchéance de la chair*
» et sa CORRUPTION, à laquelle elle finit par rap-
» porter à peu près tout le MAL. *La chair, c'est le*
» *péché*, a dit saint Augustin. Toute la doctrine de
» l'Église, sur le MAL et sa source, se trouve en
» quelque sorte renfermée en ce peu de mots. —
» Au surplus, pour vous convaincre que telle fut la
» pensée dominante de l'Eglise à cet égard, il vous
» suffira d'en appeler à vos souvenirs. Vous verrez
» que la plupart de ses prescriptions MORALES ont

» pour objet de réprimer, nous dirions presque d'a-
» néantir chez l'homme les *appétits*, les *besoins*
» MATÉRIELS ; que si elle ne considère pas les priva-
» tions, les souffrances PHYSIQUES qu'elle prescrit
» ou recommande, comme les *seuls* moyens de mé-
» riter aux yeux de Dieu, elle les regarde au moins
» comme indispensables dans ce but, tandis qu'elle
» présente sans cesse les JOUISSANCES de cet ordre
» comme constituant *toujours* un obstacle au salut.

» Ouvrez les livres qui renferment ses enseigne-
» ments et ses contemplations, vous y verrez que
» les pensées *spirituelles* y sont constamment op-
» posées aux pensées CHARNELLES, comme on op-
» poserait le *bien* au MAL, et que si, selon la doc-
» trine de l'Église, l'homme peut *quelquefois*
» combattre le démon, en réprimant les élans de
» *son esprit*, il le combat TOUJOURS lorsqu'il ré-
» prime les impulsions de SA CHAIR. »

Avant d'aller plus loin, je veux vous faire une observation qui est en dehors de mon enseignement *dogmatique*.

Jamais critique de la MORALE chrétienne n'a été plus largement faite que dans cette leçon sur le *dogme ;* ainsi dès l'époque où nous enseignions au public le *dogme* nouveau, nous condamnions la MORALE chrétienne dans ce qu'elle a de plus élevé, c'est-à-dire dans ses conceptions relatives à *l'esprit*, et dans ses conceptions relatives à la *chair*. Et cependant aucun de nous ne s'est avisé alors de trouver que nous fussions IMMORAUX ; au contraire, nous avons cru accomplir l'œuvre MORALE la plus élevée, non parce que nous *critiquions*, comme l'avaient fait Helvétius ou Voltaire (ce qui n'était plus chose difficile), mais parce que nous *formulions un dogme* qui devait nous donner successivement l'indication d'une conduite toute différente de celle qui résultait du dogme chrétien ; ainsi, dès le premier jour où nous attaquions, d'une manière aussi fondamentale, l'arche sainte que le christianisme a laissée au monde, on était en droit de lancer contre nous les accusations auxquelles nous sommes aujourd'hui en butte, car nous entrions dans la voie de *destruction* de la DOCTRINE MORALE qui a dominé le monde, et nous étions moins avancés vers la PRATIQUE MORALE qui doit la remplacer.

Continuons, et nous allons voir la justification la plus large de cette idée :

« Parmi les dogmes du christianisme, parmi les » commentaires que l'Église en a donnés, les appli- » cations qu'elle en a faites, on pourrait en citer, » il est vrai, qui paraissent contradictoires à ce

» que nous venons d'annoncer, et notamment le » dogme capital de l'INCARNATION *du verbe*, et celui » de la résurrection des CORPS ; la sanctification » donnée au mariage, et enfin l'attention qu'a tou- » jours eue l'Église, en prescrivant, à certaines » époques, l'abstinence de la chair des animaux, de » déclarer que ce n'était point parce que cette » espèce de nourriture était impure qu'elle en or- » donnait l'abstinence, mais seulement dans un » but de pénitence et de mortification.

» Mais il ne faut point oublier que l'Église se » trouvait en présence d'hérésies nombreuses et » puissantes, qui regardaient les *corps* et la *ma-* » *tière*, en général, comme le principe *éternel* » du MAL ; que pour repousser ce dogme, elle se » trouvait forcée de *réhabiliter* jusqu'à un certain » point l'ordre *matériel*, et qu'enfin, sans quelques » concessions de cette nature, l'humanité lui aurait » entièrement échappé.

» Que l'on examine, d'ailleurs, les dogmes, les » concessions dont nous venons de parler, et on » les trouvera tout empreints de l'anathème porté » sur la *matière*.

» Le *verbe* se fait CHAIR ; mais c'est pour expier » les crimes des hommes; et la CHAIR qu'il revêt, » qu'est-elle autre chose, en effet, dans toute la

» vie du Christ, qu'un symbole de pauvreté et de » souffrance, qu'un précepte vivant donné à l'homme » de *mépriser* son CORPS, s'il veut trouver GRACE » devant Dieu? Et, ce qu'il faut bien remarquer » ici, c'est que, si DIEU se fait CHAIR, la CHAIR, » pourtant ne se confond point en Dieu, ce qui » dans ce dogme est assez attesté par la distinction » qui s'y trouve établie avec tant de soin, des *deux* » *natures*, des *deux opérations*, des *deux vo-* » *lontés* du Christ.

» L'Église admet la résurrection des CORPS pour » la vie future et leur perpétuité dans cette vie; » mais dans le séjour des justes, dans celui des » récompenses, dans le paradis enfin, elle ne peut » parvenir à se figurer leur ACTIVITÉ, et ce n'est » que dans l'enfer, où ils doivent souffrir, qu'elle » leur conçoit une destination.

» Elle sanctifie le mariage; mais elle le regarde » toujours pourtant comme un état *inférieur*, et » cela, non pas parce qu'il tend à rétrécir les » affections de ceux qui y sont engagés, mais à » cause du lien CHARNEL qu'il établit entre eux. Ce » qui est évident, puisqu'en plaçant le célibat au- » dessus du mariage, elle ne fait dépendre, d'une » manière nécessaire au moins, la perfection qu'elle » attribue à cet état de l'accomplissement d'au-

» cune fonction SOCIALE; et que nous trouvons, en » effet, que la plupart de ceux qu'elle nous pré- » sente comme ayant *mérité*, sous ce rapport, ont » passé leur vie dans la SOLITUDE.

» Enfin, il est peu important que l'Église ait » pris soin d'établir qu'elle ne regardait point » comme impure la *chair* des animaux, puisqu'en » prescrivant l'abstinence, son but avoué était de » *mortifier la chair* de ceux qu'elle soumettait à sa » loi. Eh ! pourquoi aurait-elle voulu la *mortifica-* » *tion* de la *chair* si elle ne l'avait jugée *impure?*

» Parcourez tous les monuments que nous a » laissés le christianisme, et partout vous y lirez » la *réprobation* de la *matière;* partout vous y » verrez, malgré quelques inconséquences, quel- » ques subtilités, qu'en définitive dans l'esprit de » cette doctrine l'ordre *matériel* constitue, à pro- » prement parler, l'*empire du démon*, celui du » MAL. Rappelez-vous, par exemple, cette para- » bole historique de l'Évangile, dans laquelle le » démon, voulant séduire le Christ, lui promet de » lui donner les villes, les royaumes, les empires, » et toutes leurs richesses, et vous y trouverez cette » pensée clairement exprimée.

» Toute l'*aversion* de l'Église chrétienne pour » la *matière*, tous les *anathèmes* dont elle l'a

» frappée, se trouvent enfin résumés dans la ma-
» nière dont elle a conçu Dieu, type de toute per-
» fection, et qui, suivant elle, à ce titre, n'est et ne
» peut être conçu que comme *pur esprit;* d'où
» elle a naturellement tiré cette conclusion, *que*
» *ce n'est que par l'esprit que l'homme peut en-*
» *trer en rapport avec Dieu et mériter devant*
» *lui.* »

Remarquez encore une fois comme toute cette critique, pour un prêtre chrétien, serait empreinte D'IMMORALITÉ, ou du moins, combien il lui serait possible de prouver que cette critique conduit inévitablement à ce que lui, chrétien, nommerait la plus grossière IMMORALITÉ. Mais allons plus loin :

« Voilà, messieurs, la raison profonde de ces
» paroles : *Mon royaume n'est pas de ce monde...*
» *Rendez à César ce qui est à César et à Dieu*
» *ce qui est à Dieu.* Voilà la raison profonde de
» la séparation qui s'est établie au moyen âge entre
» l'Église et l'État, de la division des pouvoirs qui
» a exprimé cette séparation ; voilà pourquoi, enfin,
» le règne de CÉSAR, encore qu'il fût déshérité de
» la religion, a pu se maintenir, et, jusqu'ici même,
» conserver une existence légitime, puisque lui seul
» a pu ouvrir une carrière, et donner une loi au
» déploiement de l'activité *matérielle* de l'homme.

» Jetons les yeux sur la carrière que l'Église a » parcourue dans le temps de sa splendeur, et nous » verrons, en effet, que tout ce qui appartient à » l'ordre *matériel* a été *abandonné* par elle.

» Elle a *contemplé* la vie dans l'homme et dans » Dieu, et ces contemplations, elle les a produites » dans une poésie sublime qui a initié l'humanité à » une existence nouvelle; mais comme elle n'a » aimé *que l'esprit*, c'est l'*esprit seul* qu'elle a » animé et chanté. Dans le cours du moyen âge, » la *matière* a eu aussi sa poésie : mais c'est en » dehors de l'Église, de sa foi, de ses inspirations, » et, par conséquent, sous le poids de ses *anathèmes*, que cette poésie a pris naissance et s'est » développée.

» L'activité scientifique de l'Église est assez » attestée par les nombreux et importants travaux » qu'elle nous a laissés. Mais presque tous ces travaux, soit qu'ils aient pour objet Dieu et ses attributs, soit qu'ils traitent de l'homme et de ses » facultés, de ses relations avec Dieu et avec ses » semblables, se rapporte exclusivement à une » seule science, celle de *l'esprit*. Les cloîtres, il » est vrai, furent pendant longtemps les seuls dépositaires des sciences *physiques*, et ces sciences ne » restèrent point absolument sans culture dans leur

» sein. Mais ils n'avaient point été institués pour » les cultiver, et ce ne fut en conséquence qu'acci- » dentellement, exceptionnellement, que quelques » moines s'en occupèrent : aussi voyons-nous que » dans leurs mains elles restèrent à peu près sta- » tionnaires, et qu'elles ne se développèrent avec » éclat et rapidité que lorsque, le christianisme » étant arrivé à son déclin, elles passèrent dans » les mains des laïques. Or l'effroi que l'Église té- » moigna en leur voyant prendre cet accroissement, » montre assez *combien son dogme était peu* » *propre à les comprendre et à favoriser leur* » *progrès.*

» Quant à l'activité *matérielle*, en tant que » cette activité était militaire, il était naturel que » l'Église y restât étrangère, puisque son dogme la » condamnait formellement, et que la mission prin- » cipale qui lui avait été donnée était d'y mettre » un terme ; mais on ne la voit pas prendre une » plus grande part aux travaux *matériels* de l'ordre » pacifique. On doit bien reconnaître, sans doute, » qu'en subalternisant toujours de plus en plus » l'élément militaire, en réprimant les habitudes » violentes, en développant graduellement les » mœurs pacifiques, elle a puissamment contribué » au progrès de l'*industrie;* mais son action, sous

» ce rapport, n'a été qu'*indirecte*. La célèbre
» maxime, *qui travaille prie*, semble, il est vrai,
» l'associer d'une manière plus intime, aux travaux
» de cet ordre, et en renfermer une sorte de sanc-
» tification; mais si on se rappelle qu'elle regar-
» dait le travail comme un châtiment imposé à
» l'homme, et si l'on réfléchit, en même temps,
» aux conditions pénibles auxquelles il était sou-
» mis alors, il sera permis de penser que c'était
» surtout en raison de sa vertu *expiatoire* qu'elle
» le considérait comme un moyen de salut.

» Au surplus, la maxime dont nous venons de
» parler se trouvait neutralisée par une foule
» d'autres maximes bien plus impératives, et qui,
» mettant la *pauvreté*, les privations *physiques* au
» premier rang des VERTUS, tendaient non-seulement
» à enlever tout mobile à *l'industrie*, mais encore
» même à faire considérer son développement
» comme IMPIE. Ce qu'il y a de certain, c'est que
» l'Église ne s'est point donné pour tâche de prési-
» der à l'activité *matérielle*, et que, jusqu'à un
» certain point, l'accroissement qu'a pris cette
» activité a été en contradiction avec la MORALE
» chrétienne. C'est ainsi que l'élément *matériel*,
» exprimé à la fois par la poésie, par la science, par
» l'industrie, s'est élevé et, peu à peu, s'est organisé

» *en dehors de l'Église et de sa loi*, jusqu'au mo-
» ment où, arrivé à un certain degré de puissance, il
» est devenu la NÉGATION du dogme chrétien qui
» l'avait repoussé, et le point d'appui de toutes les
» attaques dirigées contre ce dogme.

» Lorsque le christianisme apparut, l'ordre *ma-*
» *tériel* tout entier était réglé par la violence et
» pour elle. La *chair* alors était la *chair* selon
» César ; elle était devenue *impie* et devait périr.
» L'Église a été chargée d'exécuter la sentence
» portée contre elle ; mais elle n'a pu y parvenir
» qu'en la condamnant d'une manière absolue et
» sans réserve. Aussi, lorsque le temps fut venu,
» où, par suite de ses efforts, la MATIÈRE dut être
» *sanctifiée*, parce qu'elle était préparée pour une
» *destination nouvelle*, l'Église se trouva incapable
» de comprendre ce PROGRÈS, et de l'accomplir. Ce
» fut alors que son autorité fut méconnue et ren-
» versée, car elle avait cessé d'être dans la voie pro-
» videntielle. »

Remarquez que la CHAIR s'est développée en dehors de l'Église, sous le poids de l'anathème, et par conséquent dans un état de douleur qui a donné à la poésie *matérielle* son caractère mélancolique depuis Luther.

« L'aspect LE PLUS FRAPPANT, LE PLUS NEUF,

» sinon le plus important, du progrès *général* que
» l'humanité est AUJOURD'HUI appelée à faire, con-
» siste dans la RÉHABILITATION DE LA MA-
» TIÈRE, réhabilitation qui ne pourra avoir lieu
» qu'autant qu'une conception religieuse nouvelle
» aura fait *rentrer dans l'ordre providentiel*
» *et en Dieu même cet élément, ou plutôt cet aspect*
» *de l'existence universelle que le christianisme*
» *a frappé de sa* RÉPROBATION. »

Méditez ces dernières lignes, rapprochez-les de ce que je vous ai dit tout à l'heure, et vous verrez que l'œuvre MORALE et RELIGIEUSE que nous accomplissons, ne s'est pas manifestée seulement du jour où nous avons eu la prétention d'appeler la femme à travailler avec nous à la formulation de la LOI MORALE de l'avenir, mais que cette œuvre MORALE a été commencée le jour où nous avons enseigné la plus haute *critique* que l'on puisse faire du dogme chrétien.

Certainement si nous avions continué à critiquer le dogme chrétien, comme avant le jour où SAINT-SIMON nous a éclairés de sa lumière, on aurait pu nous dire que nous ne faisions que *dissoudre*, et que nous n'*édifions* pas. Mais depuis que ce jour s'est levé pour nous, nous avons *préparé* le monde à la pratique de la MORALE nouvelle dont SAINT-

SIMON a déposé les germes dans LE NOUVEAU CHRISTIANISME. Et cela est si vrai, qu'il n'est aucun de vous qui, prêchant notre doctrine, se soit présenté, à l'égard des chrétiens, comme simple démolisseur. Tous nous avions soin de montrer notre *doctrine* à côté de notre *critique*.

Nous ne voulions cependant pas dire, pour cela, que notre doctrine pût être RÉALISÉE dans un instant; que dans un instant ce qu'il y a de *science* et de MORALE chrétiennes pût être transformé; prétendre à pareille chose, c'eût été vouloir bâtir en un jour le temple de l'avenir; c'eût été renier le PROGRÈS.

Tout ce que nous pouvions dire, c'est que notre dogme trinaire était une haute *critique* du dogme chrétien, et qu'il avait, en même temps, une grande vertu *reconstructrice;* car il forçait à chercher sans cesse l'UNION de l'*esprit* et de la *matière*, l'HARMONIE qui existera dans l'avenir entre les *idées* et les *actes*. Mais nous pouvions tous le prévoir, cette HARMONIE que SAINT-SIMON lui-même ne nous a révélée que progressivement, ne s'établira que progressivement dans le monde; et au besoin nous en trouverions une preuve éclatante dans ce qui s'est passé lorsque nous avons senti que l'appel des femmes était indispensable au progrès de la doctrine, et que nous avons cherché à vous donner une conscience nouvelle de ce qu'était leur puissance pour l'avenir. Car tous ceux qui m'entouraient, aussi bien ceux qui ne m'ont pas compris que ceux qui m'ont compris, ont subi, par suite de la révélation que je leur faisais, une modification complète dans leur existence, montrant ainsi que jusqu'à cette époque les deux faces de la vie n'avaient pas été harmonisées en eux.

Ainsi ceux qui ne m'ont pas compris et qui se sont séparés de moi nous ont prouvé qu'ils ne croyaient qu'en *théorie*, et nullement en *pratique*, à cette ÉGALITÉ de *l'homme* et de la *femme* qu'ils avaient jusqu'alors prêchée avec nous. Car lorsque j'ai émis des idées nouvelles sur la MORALE de l'avenir, ils se sont écriés que ces idées, jetées dans la société, seraient pour les femmes une cause de DÉMORALISATION ; ils se sont faits les avocats de la femme, de cet être faible qui, selon eux, ne pourrait pas supporter le poids de la révélation nouvelle. En un mot, ils croyaient si peu à L'ÉGALITÉ DE L'HOMME ET DE LA FEMME, que lorsque j'ai posé des termes qui devaient avoir une influence semblable sur l'une et sur l'autre, ils ont avancé que ces termes seraient une cause de DISSOLUTION pour la femme bien plus que pour l'homme.

Les attaques qui ont été dirigées à ce sujet contre nous par les membres dissidents ressemblent beaucoup à celles qu'ils avaient eux-mêmes combattues victorieusement, et qui avaient été dirigées contre notre dogme et notre politique, lorsque ce dogme et cette politique furent prêchés pour la première fois.

Ainsi, rappelez-vous la septième leçon du 2e volume, qui renferme l'*exposition* du dogme Saint-Simonien après la *critique* du dogme chrétien; et la huitième leçon, dans laquelle Bazard repousse les objections faites au dogme Saint-Simonien, et vous verrez que dans une de ces objections, les hommes qui voulaient subalterniser la *chair* à l'*esprit*, nous adressaient le reproche d'IMMORALITÉ comme le font aujourd'hui, à propos de notre MORALE, ceux qui veulent, dans la pratique, subalterniser la *femme* à l'*homme*.

Remarquez encore que lorsque notre DOGME fut énoncé pour la première fois, on nous accusa de *panthéisme*, de *spinosisme*, on nous dit que notre système tuait la LIBERTÉ, en *absorbant* l'homme en Dieu.

De même lorsque nous formulâmes la question de la PROPRIÉTÉ, on nous accusa de vouloir la *loi agraire*. Vous savez tous avec quel succès Bazard répondit à ces deux imputations.

Et aujourd'hui que nous voulons fonder une loi MORALE, on nous accuse de vouloir la *communauté des femmes*.

Cependant, qui de vous ne sent pas que ces trois objections, *spinosisme* ou *confusion panthéistique*, *loi agraire* ou *communauté des biens*, *promiscuité* ou *communauté des femmes*, ne sont que les trois aspects d'une seule et même objection, dirigée successivement contre la *science* ou le *dogme*, l'*industrie* ou la *politique*, et enfin contre la MORALE.

Et ces objections ne doivent pas vous étonner; car nous sommes placés sur un terrain tel qu'il était impossible qu'on ne nous les fît pas. Nous sommes arrivés dans un monde livré à l'*individualisme*, avec la prétention de former une *société* nouvelle, dans laquelle tous les efforts *individuels* seraient HARMONISÉS. Eh bien! il était impossible qu'on ne prît pas cette UNITÉ nouvelle que nous annonçions au monde pour de LA CONFUSION; il était imposible qu'on ne nous accusât pas de prêcher et de pratiquer le DESPOTISME le plus abrutissant, le GRACCHISME le plus révolutionnaire, et la PROMISCUITÉ la plus hideuse. On l'a fait en dehors de nous, et jusqu'au milieu de nous.

Je m'adresse maintenant à ceux qui m'ont compris et qui sont restés avec moi, à ceux qui savent que la *loi chrétienne* ne peut donner lieu qu'à des actes *rétrogrades*, et que la *critique de la loi chrétienne* ne peut donner lieu qu'à des actes purement *négatifs*; à ceux qui comprennent que le dogme Saint-Simonien, en annonçant la prétention d'UNIR la *chair* à l'*esprit*, condamne sans retour le dogme chrétien, et fait cesser la division antagoniste de l'enfer et du paradis; à ceux, enfin, qui ont foi qu'il existe dans les hommes qui professent la religion Saint-Simonienne une *force*, une *vertu*, une MORALITÉ bien plus grande que dans tous ceux qui professent, en dehors de nous, ou la *loi chrétienne*, ou la *négation de la loi chrétienne*.

A ceux-là je n'ai pas besoin de faire aimer et comprendre l'ÉGALITÉ DE L'HOMME ET DE LA FEMME; car il doit être clair pour eux que cette égalité, sans laquelle il y a exploitation de la moitié du genre humain par l'autre, est la loi de l'avenir, la seule LOI MORALE qu'il soit possible de concevoir.

Je ne veux pas non plus vous expliquer aujourd'hui quel sera dans l'avenir le caractère, quelle sera la MORALITÉ de l'homme qui, dans les relations individuelles, s'interposera entre des hommes de caractères dissemblables, entre ceux, par exemple, que j'ai dernièrement désignés sous le nom d'*ardents* et de *patients*, et qui s'occupera de les RELIER, de les HARMONISER.

Je veux appeler votre attention sur un autre sujet.

Tous nos travaux du *Producteur* ont eu pour objet de faire *comprendre* aux *savants* qu'ils méprisaient trop les *industriels* qui ne payaient pas assez les *savants*.

Je dis de le leur faire comprendre et non SENTIR; car tout, dans le *Producteur*, portait l'empreinte du langage *scientifique* et non du langage SYMPATHIQUE. Or, jamais *enseignement* MORAL plus élevé n'avait été donné aux uns et aux autres. Je dis *enseignement* et non *prédication;* mais il n'en est pas moins vrai qu'à cette époque nul savant ne portait en lui un principe MORAL plus élevé que le nôtre, un principe à l'aide duquel on pût mieux RÉGLER les rapports des *savants* et des *industriels*.

Nous nous sommes également occupés de poser, dans nos travaux scientifiques, des termes sur l'ordre social futur, qui étaient de nature à faire *comprendre* que les *savants perfectionnants* et les *savants enseignants* devaient être UNIS entre eux, de manière que les découvertes de la science passassent le plus rapidement possible à l'enseignement et à la pratique, et que les besoins de la pratique ou de l'enseignement fussent communiqués le plus promptement possible aux élaborateurs de la science pour qu'on sût toujours ce que l'intelligence humaine avait de nouveau à faire. Nous avons de même divisé tous les travaux de l'*industrie* en deux ordres, et montré combien il était nécessaire et utile d'établir entre les deux classes d'hommes qui se livrent à ces travaux des relations suivies, intimes et constantes. Nous avons été conduits par là à présenter le tableau d'une société dans laquelle il existerait entre les individus livrés à des occupations *dissemblables* des rapports en vertu desquels ils seraient constamment RELIÉS entre eux, et pourraient se comprendre mieux qu'ils ne le font aujourd'hui. C'est ainsi que nous avons installé une nouvelle MORALE politique. Nous avons blâmé la *concurrence* et nous avons posé les termes de *l'association* des industriels, association qui doit différer essentiellement des systèmes de monopole connus sous le nom de *jurandes* et de *maîtrises*, systèmes qui ont dû finir par amener l'exploitation du plus grand nombre, précisément parce qu'ils étaient des monopoles. C'est en prêchant cette doctrine que nous avons répandu des dispositions de bienveillance générale qui n'existaient pas, et que nous avons substitué à la lutte IMMORALE qui règne en dehors de nous des prévisions MORALES de paix et d'association.

Je n'ai certainement pas besoin d'entrer ici dans de longs développements pour vous faire comprendre qu'en agissant de cette manière nous avons été des hommes MORAUX. La chose est si évidente qu'il me suffit de l'énoncer, et cependant il existe un tel rapport entre cette époque et celle dans laquelle nous entrons, que les hommes qui nous accusent d'IMMORALITÉ, à cause de l'acte que nous accomplissons aujourd'hui, pourraient nous prouver absolument par les mêmes raisonnements qu'alors aussi nous étions IMMORAUX.

Oui, ce que nous avons fait jusqu'à présent dans *l'ordre politique*, nous avons à l'accomplir dans L'ORDRE MORAL ; nous avons à continuer l'étude de l'homme sous le double aspect de l'*esprit* et de la *chair*, de l'*intelligence* et de la *beauté*, nous devons chercher à découvrir quelles sont, sous tous ces rapports, les *affections* humaines, quelle est la classification des *passions* ; et lorsque nous en aurons la TRIPLE formule, que nous les aurons rattachées à un DUALISME SYMPATHIQUE, comme nous les avons jusqu'à présent rattachées à un *dualisme métaphysique* ou à un *dualisme politique*, alors nous pourrons comprendre que l'homme le plus MORAL est celui qui, saisissant les *deux aspects* de la vie humaine, sait les DÉVELOPPER en les UNISSANT. Alors on saura ce que c'est que le PRÊTRE, au lieu qu'aujourd'hui on ne conçoit encore qu'un chef d'*industriels*, un chef de *savants*, ou un savant qui raisonne sur l'*esprit* et sur la *matière*.

J'ajoute encore un mot pour vous expliquer comment il se fait que des hommes qui ont formulé et enseigné avec nous le dogme que nous élaborons depuis plusieurs années se soient séparés de la phase actuelle de la doctrine. La cause en est qu'après avoir tracé une formule aussi nette que celle que je vous lisais tout à l'heure sur la *réhabilitation de la chair*, formule qui est l'indication de tous les travaux accomplis par la doctrine jusqu'à ce jour, et de l'allure nouvelle qu'elle vient de prendre à l'égard du monde extérieur, ils n'ont plus vu dans cette formule que le signe d'une *prédominance* donnée aux intérêts *matériels*, dans la *pratique* de la vie Saint-Simonienne; et ils se sont écriés que cette *prédominance* était contraire à notre dogme, qui prescrit de développer HARMONI-

QUEMENT les deux aspects de l'homme. Mais après que le christianisme a, pendant dix-huit siècles, développé les hommes sous le rapport *spirituel*, peut-on arriver à cette HARMONIE qu'on demande, sans les développer SPÉCIALEMENT sous le rapport *matériel?* Et ne l'ont-ils pas reconnu eux-mêmes lorsqu'ils ont dit : *Il faut réhabiliter la chair! C'est l'aspect* LE PLUS FRAPPANT, LE PLUS NEUF, *du progrès que l'humanité est* AUJOURD'HUI *appelée à faire*. La prédominance que nous voulons aujourd'hui donner à *l'industrie*, au *culte*, n'est-elle pas l'expression magnifique d'un désir, vague pour quelques-uns, précis pour quelques autres, désir que BAZARD a formulé dans le volume et qu'EUGÈNE a manifesté d'une manière plus animée dans sa dernière lettre à Bürns?

Enfin, c'est pour une raison tout à fait semblable, c'est parce que la femme a été jusqu'à ce jour *subalternisée*, que tous nos efforts doivent tendre AUJOURD'HUI à l'*élever*, à créer la puissance qu'elle exercera dans l'avenir. Notre apostolat consiste donc autant dans *l'affranchissement de la femme* que dans la *réhabilitation de la chair*, quoique ces mots AFFRANCHISSEMENT ET RÉHABILITATION n'appartiennent pas à l'avenir ; ils indiquent seulement une *préoccupation*, une *prédominance* tout à fait transitoires ; ils expriment la différence qui existe entre l'époque APOSTOLIQUE et celle de la CONSTITUTION DÉFINITIVE DE L'ASSOCIATION RELIGIEUSE UNIVERSELLE.

DEUXIÈME ENSEIGNEMENT

(20 NOVEMBRE 1831)

L'HISTOIRE

CHERS ENFANTS,

Il résulte de mon premier enseignement qu'aux points de vue *philosophique*, *politique* et *théologique*, tous les travaux de la doctrine peuvent être considérés comme des TRANSFORMATIONS diverses du DOGME TRINAIRE, et que le caractère principal de notre apostolat est la RÉHABILITATION DE LA CHAIR ; c'est-à-dire : en RELIGION, la constitution du *culte ;* en POLITIQUE, l'organisation de l'*industrie ;* en MORALE, l'affranchissement de la *femme* et son ASSOCIATION par égalité avec l'*homme*.

Afin de justifier ma parole par nos travaux précédents, j'ai mis sous vos yeux quelques passages du NOUVEAU CHRISTIANISME et du second volume de l'EXPOSITION; avant de passer outre, je veux encore vous lire une partie de la dernière lettre d'Eugène à Bürns sur la RÉHABILITATION DE LA CHAIR.

« JÉSUS a définitivement sanctifié l'AMOUR et la *science*, mais l'amour de l'*esprit* et la science de l'*esprit;* car Dieu était *esprit* et n'avait point de *corps*, car Dieu ne se révéla à l'homme que par son *verbe;* car la *chair*, le *monde*, la *terre*, étaient encore impies, alors que CÉSAR y régnait.

» Mais l'ACTIVITÉ humaine, cette troisième faculté qui nous appelle à PRATIQUER le Seigneur, comme l'amour et la science nous appellent à l'adorer et à le connaître, cette dernière face de la *trinité* humaine, faible reflet de la *trinité* divine, ne sera-t-elle point sanctifiée? AMOUR *adorable*, *dogme* sublime, n'enfanterez-vous pas un CULTE digne de vous? Montrez-nous le temple où nous puissions rendre à Dieu TOUT ce qui est à Dieu, où nous puissions verser les trésors d'AMOUR et de *science*, mais aussi de RICHESSES, que nous tenons de sa *bonté*, de sa *sagesse* infinies, et de sa toute-puissante et féconde BEAUTÉ.

» Verrons-nous donc toujours des sociétés païennes autour de temples *chrétiens*? Au milieu d'elles les hommes se distingueront-ils toujours par la *naissance*, quand Dieu ne les distingue que par leurs ŒUVRES?

» La CHAIR renaîtra pure et incorruptible, a dit le Sauveur; et, sourds à cette prophétie *sociale* dont il vous a plu de ne faire qu'une prophétie *individuelle*, vous vous écriez avec orgueil : Que l'*esprit* soit libre de la *matière*, et que la *matière* soit libre de l'*esprit!* que les prêtres gouvernent le *spirituel*, et que les rois gouvernent le *temporel!* Dieu aurait-il donc toujours des rivaux parmi les hommes? la volonté du Seigneur n'est-elle donc plus que son règne arrive sur la TERRE comme dans le *ciel?*

» Et cependant la *renaissance* promise est arrivée ; la CHAIR va être admise à compléter l'alliance du *cœur* et de l'*esprit* avec Dieu. Dieu appelle la famille humaine à mériter *moralement*, *spirituellement* et MATÉRIELLEMENT ; la *beauté* et l'*utilité* du CULTE impriment le cachet divin par excellence à la *vérité* et à la *sagesse* du DOGME, à l'*enthousiasme* de la RELIGION.

» Lorsque l'homme apparut sur la terre, Dieu remit entre ses mains la NATURE ; depuis le jour où, suivant *la Genèse*, Dieu *se reposa*, l'heure du TRAVAIL a sonné pour l'homme; l'homme fut, et fut CRÉATEUR.

» La terre fut purgée par lui des monstres dont elle était couverte ; il dessécha les marais ; il abattit les forêts affreuses qui rendaient le globe inhabitable ; et cette terre, véritable chaos, qui roulait au milieu du grand monde, il eut mission d'en faire un petit monde ; et cette grande *œuvre* qu'il exécute *instinctivement* depuis les premiers temps, aujourd'hui il en a *conscience*, et son accomplissement *progressif* est le règne de Dieu sur la TERRE.

» La capacité *industrielle* de l'homme est l'image imparfaite de la puissance *créatrice* de Dieu, et celui que Dieu en a spécialement doué a droit, comme celui qu'il a doté spécialement d'une portion de sa science, comme celui à qui il a spécialement inspiré une partie de son AMOUR, à la récompense que vous attribuez seulement à ces deux derniers.

» Eh quoi ! l'homme CRÉÉ par un *acte* divin d'amour dédaignera-t-il son semblable, alors qu'il imitera le divin ouvrier ? dédaignera-t-il ce que Dieu n'a point dédaigné ?

» Ceux de mes frères dont les TRAVAUX font vivre la société doivent-ils rester au milieu d'elle comme les Juifs de l'ancienne loi, ne prétendant, n'aspirant qu'à des récompenses TEMPORELLES, sans espérance d'ailleurs d'arriver au salut, c'est-à-dire à la vie ÉTERNELLE? Et cependant ils sont nos frères, et sans eux notre *amour* serait sans BASE et nos *contemplations* sans FRUIT.

» Toute une portion de l'humanité, à jamais *indispensable* à son existence, serait à jamais exclue des promesses divines?

» Seigneur, qui m'avez dit d'aimer tous les hommes comme mes frères, retirez-moi l'amour que j'éprouve pour ceux d'entre eux qui continuent votre OUVRAGE, s'ils ne doivent point un jour voir votre gloire, comme ceux qui continuent vos *contemplations*, comme ceux qui continuent votre *charité!* ou plutôt, grand Dieu! daignez m'éclairer, afin que je ne gémisse plus sur eux et sur leurs ŒUVRES, et que j'apprenne à *adorer*, à *bénir* la manière dont vous êtes glorifié par eux et par leurs ŒUVRES! car vous n'avez rien fait en vain, et il a été dit : Que toute TERRE chante le Seigneur.

» Mais quel est le nom du Seigneur? — Je suis celui qui suis, je suis tout ce qui a été, tout ce qui est et tout ce qui sera.

» Ah! mes douleurs vont se changer en joies, car ces mains qui dirigent les vaisseaux, qui jettent les ponts sur les fleuves, qui tissent ces étoffes merveilleuses, qui bâtissent ces demeures, qui élèvent ces palais et ces temples, qui creusent ces canaux et construisent ces digues, qui forment les gerbes dans ces vallées et cueillent la vigne sur ces coteaux, ces mains sont LES MAINS DU SEIGNEUR! J'allais tout à l'heure prononcer le blasphème, et me voici plongé dans les ineffables ravissements de l'extase! amour et gloire éternelle à Dieu, TOUT EST EN LUI, TOUT EST PAR LUI, TOUT EST LUI.

» Grand Dieu! c'est *toi* qui AIMES ce que nous AIMONS; c'est toi qui *connais* ce que nous *connaissons;* c'est toi qui *fais* ce que nous *faisons,* car ton AMOUR, ta *science* et ta *puissance* AGISSENT ÉTERNELLEMENT EN NOUS. Quel est le jour où nous pourrions dire que tu cesses d'AIMER et de *connaître* ta *créature;* quel est celui où nous oserions dire que ton AMOUR et ta *sagesse* cessent de *créer?*

» Et cependant l'Église te représente dans un *repos* éternel depuis les six jours où tu *créas* le monde selon sa parole impie; elle t'a fait à l'image de l'homme, dont les jours aussi sont comptés, et pour qui, une fois mort, elle te demande aussi le *repos* éternel; et tu ne sortirais, suivant elle, de ce repos que pour le jugement dernier, où *tous* seront appelés et *quelques-uns* seulement élus.

» Finissons-en avec ces croyances terribles que nous justifierons plus tard.

» Il n'y a point de passé pour Dieu. Dieu AIME, *connaît* et *crée* ÉTERNELLEMENT. Réjouissez-vous, hommes dévoués qui *travaillez* pour l'humanité, fille de Dieu; la sainte famille humaine VOUS AIME, car elle *sait* que vous lui fournissez les *moyens* d'atteindre son but, qui est Dieu ; elle vous en rend grâces, et Dieu, par la bouche de ses prêtres, sanctifie vos utiles *labeurs*, et les merveilles que *crée* votre INDUSTRIE.

» *Repos éternel* pour l'homme après la mort, est-ce là ce que demandera l'Église de l'avenir? Non, non : tant que les hommes crurent au principe du mal, à qui Dieu avait abandonné la *matière*, ils durent se représenter leur vie *terrestre* comme une lutte perpétuelle ; cette lutte fut d'abord d'homme à homme, plus tard de peuple à peuple; en dernier lieu enfin nous avons vu la population d'un nouveau monde exterminée par celle d'un monde ancien; dans le christianisme surtout, cette lutte se caractérisa dans chaque *individu* par le combat de la *chair* contre l'*esprit*, dans la *société* par celui de l'*Église* contre l'*État*, et alors la vie n'étant plus qu'une arène, le chrétien chercha dans la mort le calme de la retraite : REQUIEM ÆTERNAM DONA EIS......

» Mais aujourd'hui la vie est une œuvre joyeuse ; l'enfance est un agréable réveil, la vieillesse un *endormissement* délicieux et la mort le prélude d'une vie nouvelle, d'un nouveau progrès.

» Il ne s'agit donc plus pour nous du jugement dernier et du *petit nombre des élus*, car nous sommes tous enfants de Dieu, et l'enfant prodigue lui-même ne doit-il pas, tôt ou tard, rentrer sous le toit paternel ?

» Chrétiens, tendez la main aux Juifs, Dieu vous ordonne de cesser de les haïr, et de leur apprendre à l'aimer en les aimant d'abord.

» Ils ont méconnu Dieu et crucifié son envoyé !

» Et vous-mêmes n'avez-vous pas méconnu Dieu dans le MONDE ? ne l'avez-vous pas crucifié dans votre CHAIR et dans celle de vos frères ? n'avez-vous pas commis de *sanglants* actes de foi ? ne faites-vous pas tous les jours la *guerre* au nom du Dieu de paix ?

» Chrétiens, il y a dix-huit cents ans que les Juifs ont crucifié Dieu dans un homme, et il y a dix-huit cents ans que vous crucifiez Dieu dans un peuple ! N'est-il pas temps qu'oubliant leurs erreurs passées, tous les frères s'embrassent afin que Dieu le père soit tout en eux tous ?

» L'humanité entière n'est-elle pas le peuple de Dieu, et le globe, n'est-ce pas la terre promise ? AIMER, *connaître* et *pratiquer* le Seigneur, voilà le règne de Dieu. Et qui peut *connaître* Dieu, s'il ne l'AIME ; et qui peut *pratiquer* Dieu s'il ne l'AIME ?

» Mais il y a trois personnes en Dieu, et trois fonctions dans l'humanité ; fonction d'AMOUR, fonction de *science*, fonction de *puissance*. Il y a des PRÊTRES qui font AIMER Dieu, des THÉOLOGIENS qui le font *connaître*, des DIACRES qui le font *pratiquer*. Voilà les chefs ou plutôt les PÈRES de la famille humaine. Il y a de plus des ARTISTES qui rendent à Dieu un culte d'AMOUR, des *savants* qui lui rendent un culte d'*étude*, des *industriels* qui lui rendent un culte de *travail ;* voilà les serviteurs ou plutôt les ENFANTS de la famille humaine. Et qui pourrait mieux administrer le patrimoine de la famille humaine que ceux qui en sont les pères ? Est-il un AMOUR plus *sage* et plus *actif* que l'amour paternel ? Qui sait mieux que le père ce qui revient à l'aîné et ce qui revient au cadet ? Mais les forts sont les aînés d'entre les hommes comme les faibles en sont les cadets. Chacun aura donc entre les mains un levier proportionné à sa vigueur, à sa puissance, à son mérite, et ce levier lui servira à élever vers Dieu ceux qui sont au-dessous de lui, en même temps qu'il y est élevé lui-même par ceux qui sont au-dessus de lui. »

Vous le voyez, Eugène qui, durant toute sa vie, se montra si *pur*, en prenant ce mot dans l'acception la plus rigoureuse du christianisme, sentait la nécessité de transformer la MORALE du passé, et ne reculait pas devant l'accomplissement de cette œuvre immense ; il savait bien, toutefois, que l'homme qui assumerait sur lui la responsabilité de cette tâche glorieuse et sainte rencontrerait de grands obstacles et trouverait sur sa route la colère et l'injure ; il le savait, mais il était apôtre, il était mon fils, il a parlé la langue de SAINT-SIMON et la mienne ; eh bien ! cette parole toujours progressive, vous l'entendez encore aujourd'hui.

Et maintenant que vous avez pu rattacher la forme *pratique* de notre apostolat au *dogme* professé par nous jusqu'ici et à nos *prévisions* relatives à la RÉHABILITATION DE LA CHAIR, je veux vous faire comprendre par un exemple frappant l'influence des progrès que nous accomplissons actuellement sur notre VIE entière, sur tout ce que nous avons SENTI, *appris* et *exécuté* jusqu'à ce jour

Nous avons, depuis que la hiérarchie est fondée, développé plus particulièrement l'un des aspects de la VIE Saint-Simonienne ; nous avons été des *docteurs*, et nos SENTIMENTS ont été encore empreints de *lutte*, de *critique*, de guerre.

Aujourd'hui nous VOULONS *réaliser*, *pratiquer ;* et notre parole doit être d'*harmonie*, d'*union* et de *paix*.

Ce SENTIMENT *nouveau* qui nous anime éclaire notre *intelligence* d'une NOUVELLE lumière, et nous inspire des *actes* NOUVEAUX.

Nous ne sommes plus seulement des hommes *abstraits*, armés d'un *rationalisme* sévère, *pesant* et *mesurant* la vie humaine, *analysant* et *disséquant* le monde passé, présent et futur; nous marchons vers le SACERDOCE de l'avenir, et pour l'atteindre nous devons envisager toutes choses d'un point de vue NOUVEAU.

Certes, si je vous demandais quelle est celle de nos œuvres qui vous paraît la plus *complète*, la plus *achevée*, quelle est celle qui, aux yeux du monde lui-même, semble le plus justifier nos prétentions à la *science*, tous vous répondriez que ce sont nos travaux *historiques* dont je veux parler ; et cependant la voie nouvelle dans laquelle nous nous élevons nous permet de jeter sur l'*histoire* un nouveau coup d'œil, qui nous fera mieux comprendre l'humanité : or, je le répète, je choisis cet exemple pour vous faire sentir, par les progrès que nous avons à faire sous ce rapport, quels sont ceux qui s'ouvrent devant nous dans toutes les directions déjà parcourues.

L'*histoire*, nous ne l'avons envisagée que sous une face, et nous y avons porté le SENTIMENT de *lutte* et de *division* qui était encore en nous.

Et d'abord, il y a deux manières d'*étudier* l'histoire, nous n'en avons employé qu'une seule. L'une est *chronologique*, *mathématique*, selon le TEMPS; l'autre est *géographique*, *descriptive*, suivant l'ESPACE. La première est la seule que nous ayons suivie jusqu'ici.

Voulions-nous étudier une ÉPOQUE, nous regardions l'humanité comme représentée, à cette époque, par le peuple le plus *avancé*, le plus *civilisé;* nous allions même plus loin, nous regardions les SENTIMENTS, les *idées* et les *actes* de ce peuple comme résumés dans le GRAND HOMME duquel émanait l'impulsion progressive, de sorte que réellement, au lieu d'étudier l'HUMANITÉ à cette *époque*, nous avions sous les yeux UN SEUL HOMME.

Ainsi nous parlions de la Judée, de la Grèce, de Rome, du moyen âge et des temps modernes, et nous considérions l'histoire de toutes ces époques et de tous ces pays comme étant contenue dans celle de Moïse, d'Orphée et de Socrate, de Numa et des Gracques, de Jésus et des Pères de l'Église, de Grégoire VII et de Charlemagne, de Luther et de Bacon, de Voltaire et de Mirabeau.

L'enchaînement des faits historiques nous apparaissait donc alors comme formant, pour ainsi dire, une *ligne droite* dont tous les points auraient été les hommes marquants qui ont présidé aux destinées humaines, chacun d'eux étant un anneau de cette chaîne vivante qui se déroule dans le TEMPS.

Pour concevoir l'autre méthode dont je veux vous parler, supposons qu'à chaque époque marquée par l'apparition d'un grand homme, qu'à chacun des *points* de cette *ligne* de l'histoire, nous nous arrêtions pour jeter un coup d'œil général sur le monde, et que, voyant alors l'humanité tout entière, à l'un des âges de sa vie, nous la caractérisions, nous la nommions d'un nom qui renfermât l'expression de son état général de CIVILISATION, d'un nom qui désignât la moyenne de son AMOUR, de son *intelligence* et de sa *force* à cette époque. Voici ce que j'appelle étudier l'histoire *géographiquement*, selon l'ESPACE, et non *chronologiquement*, selon le TEMPS, comme nous l'avons fait jusqu'ici; car, je le répète, nous avons coordonné les phénomènes de la vie de l'humanité selon une *ligne droite*, rassemblons-les maintenant dans des *cercles concentriques* grandissant à mesure que la vue de l'homme s'agrandit et s'étend sur la terre.

Pour rendre sensible, par une autre image, cette double manière d'envisager l'humanité, représentez-vous l'histoire comme un cône renversé, qui serait coupé, de distance en distance, par des plans perpendiculaires à son axe. Chacune de ces sections pourrait être considérée comme une des couches successives selon lesquelles s'est produite la formation de l'ÊTRE HUMANITÉ.

L'histoire alors peut être étudiée, soit en se plaçant successivement au *centre* de chacune de ces sections circulaires, soit en parcourant chaque *cercle* séparément; et c'est seulement en combinant HARMONIQUEMENT ces deux points de vue, et en vérifiant les aperçus de l'un par les observations de l'autre, que la science historique sera réellement complétée.

Un ouvrage peut être cité comme application de cette double méthode, c'est l'*Histoire de Charles-Quint* par Robertson, précédée d'une introduction dans laquelle la vue se promène, comme en un vaste PANORAMA, sur le monde civilisé : nous n'avons rien écrit sur l'histoire qui ait présenté ce double caractère, et, parmi les objections qui nous ont souvent été faites, il en est une qui signale très-clairement notre imperfection sous ce rapport, c'est le reproche qu'on nous adresse sur notre silence relativement à l'Orient.

Ici, rendons hommage encore à notre maître; dans ses travaux sont renfermés les *germes* de tout ce que nous avons fait et de tout ce que nous avons à faire; Saint-Simon, qui maniait avec une puissance et une habileté prodigieuses le DUALISME humain, en métaphysique, en politique, en religion, n'avait pas négligé d'en faire l'application à l'histoire; son intelligence, infatigablement méthodique et sûre, ne s'arrêtait sur un sujet qu'après l'avoir examiné sous ses deux faces, *synthétiquement* et *analytiquement*, *à priori* et *à posteriori*, par *ensemble* et par *détails*, *généralisant* et *particularisant* sans cesse. Aussi justifiait-il l'enchaînement auquel il soumettait les faits du PASSÉ par le spectacle de l'humanité CONTEMPORAINE, montrant dans les diverses civilisations répandues AUJOURD'HUI sur le globe la représentation des divers AGES de l'espèce humaine, depuis la barbarie la plus profonde jusqu'à la plus haute moralité sociale à laquelle l'homme a pu atteindre.

Vous sentirez plus vivement encore la nécessité de ce double point de vue, si vous cherchez à vous rendre compte des avantages et des inconvénients de la méthode *spéciale*, vraiment *abstraite* et par conséquent *exclusive* et *incomplète* que nous avons employée jusqu'ici dans nos travaux historiques.

Et d'abord nous pouvons nous glorifier d'avoir porté la lumière là où les érudits collectionneurs de faits avaient répandu l'obscurité la plus profonde. Nous avons montré un SENS, une RAISON, une LOI, là où l'on n'apercevait que *mystère*, *contradiction*, *incompréhensibilité*: nous avons signalé un ORDRE RÉGULIER, là où l'on ne voyait que *chaos* et *confusion*. Nous avons rattaché entre eux, *sans solution de continuité*, les phénomènes humains appartenant à la série de civilisation la plus étendue et la plus puissante qu'il soit donné à l'homme de soumettre à ses observations, et nous avons *expliqué* leur apparition *successive* sur la terre. Ainsi se sont trouvées RELIÉES les traditions sacrées et les traditions profanes concourant à *démontrer* invinciblement la foi au PROGRÈS MORAL, *intellectuel* et *physique* auquel l'humanité est soumise, sa marche constante vers l'ASSOCIATION UNIVERSELLE.

Mais en établissant cette série de termes *succes-*

sifs, nous devions nécessairement être entraînés à considérer le développement des trois aspects de la vie humaine, comme ayant été également *successifs* et non *simultanés;* et en effet cette *abstraction* était nécessaire pour nous *rendre compte* du PROGRÈS; de même, en étudiant le développement de l'individu, on peut, par *abstraction*, l'observer *comme si* son enfance était consacrée à son développement *physique*, son adolescence à sa culture *intellectuelle*, et enfin sa virilité à l'exercice et au progrès constant de sa vie MORALE. Cette méthode est cependant incomplète; elle l'est pour l'*individu*, elle l'est aussi pour l'*espèce*.

Ainsi, lorsque nous avons dit que les premiers pas de l'HUMANITÉ étaient consacrés à donner la *force* à ses membres, et que, jusqu'à l'apparition du Christ, elle avait été livrée aux appétits de la *chair*, pour se désaltérer ensuite avec ardeur à la source *spirituelle* de l'Évangile, nous avons dit *vrai*, mais nous n'avons pas *tout* dit sur le passé. Et, par exemple, il est résulté de cette appréciation historique que nous avons relativement beaucoup plus *étudié*, dans le moyen âge, le pouvoir *temporel*, et surtout que nous avons complétement laissé dans l'ombre, à cette époque, l'Orient, comme si alors CHRÉTIENTÉ était synonyme d'HUMANITÉ.

Et cependant, il est bien certain qu'au moyen âge le pouvoir *temporel* développa les appétits *matériels* dans une direction progressive par rapport à l'antiquité; de plus, l'Église elle-même, sous certains rapports, indirectement sinon directement, aidait le développement de la *chair*, en favorisant par son *esprit* pacifique le progrès du *travail* et de l'*industrie;* enfin il n'existait pas, à la surface de la terre, seulement des chrétiens, mais aussi des mahométans, des Indiens, des Africains, etc.; l'humanité, vue *dans son ensemble*, présente donc un caractère tout différent de celui que nous avons donné par exemple, aux douzième, treizième et quatorzième siècles : pour l'homme qui ne se contente pas de regarder l'Europe avec un microscope et même de n'y voir que Rome, mais qui veut examiner le monde d'un peu haut, avec un œil d'aigle, l'humanité ne présente pas, durant ces trois siècles, une face *mystique* et *contemplative* seulement : alors on exécutait d'immenses travaux *matériels* sur une grande partie du globe; il y avait des individus, des peuples, des contrées que ces travaux préparaient à l'adoption future de la FOI SAINT-SIMONIENNE, et qui *protestaient* de toute leur existence contre l'éternité promise à la FOI CHRÉTIENNE. Ainsi les traditions de la chair étaient toujours VIVANTES dans l'humanité ; et si lorsque notre parole de RÉHABILITATION frappe le monde, elle tombe sur lui dans un moment où l'Orient et l'Occident se repoussent encore, un jour viendra où sa puissance RELIGIEUSE fera COMMUNIER, dans une foi vraiment universelle, la CHAIR ardente qui foule la terre du *Midi*, et l'ESPRIT qui s'élève dans les nuages du *Nord*.

Non, ce n'est plus seulement une formule *algébrique* que nous appliquons à l'histoire; nous ne voulons plus seulement *diviser*, *décomposer*, *analyser*, *disséquer* l'humanité, nous voulons la sentir grandissant dans la vie, toujours UNE, toujours PROGRESSIVE, soumise à UNE ÉTERNELLE destinée dont Saint-Simon lui a donné *conscience*, mais qui fut toujours *instinctive* en elle.

Lorsque, nous dépouillant pour ainsi dire de nos SYMPATHIES, nous avons regardé l'humanité *passée*, et fait sur elle œuvre de *science* et non de RELIGION et de POÉSIE, nous avons divisé les siècles en époques *critiques* et époques *organiques;* cette division est secondaire; sans doute elle est très-*rationnelle*, très-commode pour le calcul; mais elle est froide, glaciale, comme le dualisme VIE et MORT, RELIGION et ATHÉISME. De même, lorsque nous avons dit que le passé avait été livré à l'ANTAGONISME, et qu'il présentait le spectacle de la GUERRE entre la *chair* et l'*esprit*, tandis que l'avenir réaliserait progressivement l'ASSOCIATION universelle, l'UNION harmonique de la *chair* et de l'*esprit*, cette division de la destinée humaine était également secondaire, car elle tendrait à faire admettre deux LOIS de développement, contradictoires l'une avec l'autre, deux PRINCIPES distincts, deux DIEUX, l'un *bon*, présidant aux destinées futures, l'autre *mauvais*, ayant pesé sur la vie antérieure de l'humanité. Il n'y a qu'un seul DIEU, une seule RELIGION, une seule LOI; Dieu INFINI, religion UNIVERSELLE, loi de PROGRÈS.

La LOI c'est l'HARMONIE sans cesse PROGRESSIVE de la *chair* et de l'*esprit*, de l'*industrie* et de la *science*, de l'*Orient* et de l'*Occident*, de la *femme* et de l'*homme*.

Certains, comme nous le sommes, d'avoir *prouvé*, d'avoir *démontré* aux esprits les plus rigoureux la perfectibilité humaine, l'amélioration constante, sous le rapport MORAL, *physique et intellectuel*, de tout ce qui a vécu de notre vie d'hommes, nous devons reporter sur le *passé*, comme nous l'avons annoncé pour l'*avenir*, comme nous le montrons de plus en plus dans notre vie PRÉSENTE, ce caractère de *bienveillance*, de *justice*, de RELIGION pour TOUS, qui nous permet d'adresser à TOUS la parole

UNIVERSELLE, par laquelle la conversion de TOUS doit être accomplie.

L'humanité n'a pas été tantôt RELIGIEUSE, tantôt IRRÉLIGIEUSE, DIEU fut toujours avec elle et pour elle : car DIEU est tout ce qui EST, FUT et SERA; je le répète, elle n'est point soumise à deux LOIS, loi de GUERRE et loi de PAIX; sa LOI c'est le PROGRÈS. Nous ne sommes plus sous l'empire de la foi antique aux *deux principes* éternellement ennemis, ni sous celui de la foi chrétienne qui annonçait le triomphe définitif de DIEU sur l'*esprit des ténèbres;* c'est à nous à *juger*, à *rectifier* les croyances du passé, nous sommes PRÊTRES selon la révélation définitive et universelle qui nous commande d'HARMONISER en tous *lieux*, en tous *temps*, les deux aspects de la vie humaine.

Déjà je vous ai dit que le prêtre avait pour mission, de déterminer, à chaque époque de la civilisation, la distance qui doit exister entre l'un des aspects de la vie et l'autre; de telle manière que si cette distance est plus petite ou plus grande qu'il le faudrait pour que la relation soit normale, il y a désordre, antagonisme, désassociation. Aujourd'hui nous avons CONSCIENCE que c'est là l'œuvre du PRÊTRE, l'œuvre SAINTE, DIVINE, RELIGIEUSE; l'humanité pourra donc, dès à présent, se développer selon une *règle* fixe, qui sera l'expression du *fait* qu'elle accomplira ; le *droit* et le *fait* seront vivants dans LA PERSONNE DU PRÊTRE : ce sont les deux faces de sa vie.

Eh bien ! le PRÊTRE du passé a toujours fait, *instinctivement* il est vrai, et sans *conscience* du caractère Saint-Simonien de son œuvre, ce que je viens de dire du prêtre de l'avenir. Il a toujours cherché, selon les nécessités du *temps* et les exigences du *lieu*, à mettre entre les *deux natures* une distance SENTIE par lui comme étant convenable aux progrès de l'humanité ; il l'a toujours établie, soit à la manière chrétienne, entre le profane et le sacré, les réprouvés et les élus, soit à la manière antique entre le maître et l'esclave, le citoyen et l'étranger.

Sans contredit les formes sous lesquelles les deux natures se sont manifestées dans le passé étaient, relativement à l'avenir, des formes brutales et barbares : mais s'il est bon de distinguer l'avenir du passé, en montrant dans le premier l'ASSOCIATION, et dans le second la lutte et l'ANTAGONISME, il ne faut pourtant pas oublier que dans le passé il y eut aussi ASSOCIATION, et association CROISSANTE, et que dans l'avenir la LUTTE existera encore, car l'humanité est PROGRESSIVE, mais elle est *finie*, et par conséquent *imparfaite*. Or comment exprimer, dans le passé et dans l'avenir, le *mal* et le *bien*, le *vice* et la *vertu*, l'*antagonisme* et l'*association*? c'est en signalant partout les efforts PROGRESSIFS, c'est-à-dire en montrant comment les deux natures ont été dans des relations telles que leur ASSOCIATION est devenue de plus en plus complète et intime. Nous n'avons point encore écrit l'histoire sous l'influence de cette inspiration d'HARMONIE; nous avons fait, au contraire, tout ce que nous avons pu pour *détacher*, par la *pensée*, tous les faits relatifs au développement de la *chair* de ceux qui manifestent le progrès de l'*esprit*, reléguant les premiers dans l'antiquité, les autres dans le moyen âge, tandis que l'humanité, l'humanité *tout entière*, et non *une portion* de l'humanité, se développait *simultanément*, à chacune de ces époques, selon la *chair* et selon l'*esprit*.

De ce point de vue, la fondation du mahométisme, et la lutte des hérésies chrétiennes qui l'ont précédée, et les croisades qui l'ont suivie, et l'influence du contact de la science arabe avec la théologie chrétienne, sont des faits qui apparaissent avec une importance prodigieuse, et qui pourtant ont été et ont dû être jusqu'ici négligés par nous. Plus tard encore, la découverte de l'Amérique, les envahissements des Anglais dans l'Inde, la lutte des czars avec Constantinople et la Perse, la campagne d'Égypte, et la prise d'Alger elle-même, toutes ces communions par le sang entre l'*esprit* et la *chair* des hommes manifesteront hautement la loi providentielle qui promet à l'humanité l'association universelle.

Toutes ces *indications* que je vous donne (et remarquez que je dis *indications*) vous ouvrent des voies dans lesquelles je désire que vous vous engagiez; tout ce que nous avons fait jusqu'ici doit se développer et revêtir des formes nouvelles. Philosophie, économie politique, histoire, tout doit être modifié, transfiguré, transformé par le nouveau point de vue, le point de vue RELIGIEUX et *pratique* où nous sommes placés aujourd'hui.

Ainsi, déjà vous avez conscience que notre langage politique doit être différent de celui que nous avons parlé jusqu'ici : il est impossible que ce caractère de bienveillance, d'appel à tous, d'attraction, de religieuse impartialité que nous apportons dans la politique *actuelle*, nous ne le portions pas également dans la politique du *passé*, c'est-à-dire dans l'histoire. Jusqu'à présent nous y avons vu et signalé presque exclusivement la *lutte* et la *guerre*, nous devons montrer surtout l'ASSOCIATION grandissant toujours entre le maître et l'esclave, entre l'homme et la femme. Nous avons fait comme le physiologiste qui veut étudier l'homme, et qui n'a sous les yeux qu'un cadavre; l'humanité, nous l'avons tuée, notre histoire est sans vie, sans poésie; elle est froide comme la règle et le compas, c'est du *nombre* et de la *matière;* notre humanité c'est de la *chair* jusqu'à Jésus, c'est de l'*esprit* jusqu'à nous, il n'y a point là d'AMOUR, il n'y a pas de cœur d'homme, de cœur de PRÊTRE, Dieu n'y est point encore, la GENÈSE nouvelle n'est point enfantée.

Lorsque, dans le collége, j'ai posé les termes des relations MORALES de l'avenir, telles qu'elles pourraient être conçues en l'absence de la *femme*, quelques personnes ont cru, par un aveuglement remarquable, que ces idées nouvelles nécessitaient la *rectification* et la *condamnation* même de tout ce que nous avons enseigné jusqu'ici de notre dogme. Cet aveuglement s'explique, si l'on observe l'enchaînement *logique* qui existe entre les idées MORALES nouvelles et toutes les formes antérieures du dogme Saint-Simonien. L'alliance des *deux natures* dans l'ordre MORAL, leur UNION HARMONIQUE, leur ASSOCIATION RELIGIEUSE, étaient si évidemment la continuation de tout ce que nous avons dit dans l'ordre *métaphysique*, *théologique* et *politique*, que l'erreur de ces personnes est naturelle ; repoussant les conséquences, elles remontaient au principe : aussi avons-nous vu se vérifier dans le collége ce que j'avais annoncé qui s'y passerait. J'avais dit à tous ceux qui contestaient les bases de la morale nouvelle, posées par moi, qu'il me serait facile de les conduire, sous le rapport *dogmatique* à l'HÉRÉSIE, sous le rapport *pratique* à l'IMPUISSANCE.

En effet, quelques-uns ont eu la faiblesse de rapporter au milieu de nous les questions suivantes, depuis si longtemps et si souvent jugées ; savoir : si l'*esprit* n'était pas supérieur à la *chair*, et ne devrait pas toujours PRÉSIDER à son action et la gouverner, si la *femme* n'aurait pas éternellement besoin de la TUTELLE de l'*homme ;* si l'*abnégation* n'était pas plus méritoire que la *personnalité*, etc. D'autres ont eu le courage de penser et de dire que, puisque nous nous occupions de la *recherche* de la LOI MORALE DÉFINITIVE, dans une pareille situation, tous les efforts de conversions nouvelles devraient être suspendus ; que nous devrions cesser d'appeler à nous, pour consacrer leur VIE entière à notre apostolat, des hommes auxquels nous ne pourrions pas enseigner la LOI MORALE DÉFINITIVE ;

qu'il fallait nous abstenir de tout acte qui aurait pour résultat d'engager des hommes à participer, même par leur fortune seulement, à notre œuvre sainte; enfin que nous devions nous *séparer, dissoudre* notre association, entrer en *liquidation,* comme s'il s'agissait pour nous d'une affaire de commerce.

Maintenant vous comprenez que nous n'avons pas à renier, à changer, à condamner notre passé; que le *dogme trinaire* posé par Saint-Simon a été régulièrement développé par nous; que toutes ses transformations sont rigoureusement enchaînées; et que si nous sommes arrivés à la phase apostolique dans laquelle l'une des faces de la vie individuelle et sociale doit être plus particulièrement en évidence, cette phase était depuis longtemps prévue et annoncée par nous.

Encore quelques mots sur notre situation actuelle, sur le caractère nouveau que nous avons revêtu dans cette évolution intérieure.

Vous devez voir déjà, et vous reconnaîtrez mieux encore par les *enseignements* qui vont suivre, que mon intention n'est pas de laisser le *dogme* dans un oubli complet. Je vous recommande au contraire la lecture de nos travaux antérieurs, et particulièrement de ceux de notre maître qui sont relatifs à *l'industrie;* beaucoup d'entre vous les connaissent à peine. Cette obscurité, cette éclipse momentanée du *dogme*, dont j'ai souvent parlé, est plutôt relative à notre manifestation *extérieure* qu'à notre vie *intérieure;* car vous avez tous besoin de donner à votre *science* une forme NOUVELLE, pour agir sur le monde comme il convient AUJOURD'HUI. Il y a plus, de hauts problèmes qui n'ont pu se présenter à nous jusqu'ici que comme s'ils étaient seulement des questions de *théologie* vont nécessairement, dans la phase où nous entrons, prendre un caractère de *réalité* VIVANTE ; en *songeant* beaucoup moins à leur solution, nous nous en rapprocherons toutefois chaque jour davantage par la *pratique;* c'est par nos *actes*, c'est par l'influence des *scènes* animées, des *drames* puissants comme ceux que vous avez maintenant sous les yeux, et dont vous êtes *acteurs* vous-mêmes; c'est par la *réalisation* de notre FOI avec tout son enthousiasme et toute sa sainteté, que nous sentirons en nous la VIE nouvelle, VIE de PROGRÈS, qui nous LIE au *passé* et à l'*avenir;* VIE d'AMOUR, qui nous RATTACHE dans le PRÉSENT aux générations *passées* et à celles que nous *enfantons;* VIE sans limites, indéfinie, divine, qui comprend à la fois tous les souvenirs de notre VIE

ANTÉRIEURE et toutes les espérances de notre VIE FUTURE.

Chers enfants, parce que nous allons nous occuper spécialement de l'*industrie*, du *culte* et des *femmes*, ils vont nous accuser de nous plonger dans un grossier *matérialisme ;* ils diront que nous sommes retournés à l'*idolâtrie*, au *fétichisme*, que nous encensons le *veau d'or;* pour nous combattre, tous se feront *chrétiens*, tous s'écrieront que nous sommes retombés du *ciel*, foudroyés, écrasés sur cette *terre* de boue, car ils ignorent la gloire de l'*industrie* affranchie, les pompes du *culte* nouveau, la tendresse et la puissance de la *femme* ÉGALE de l'*homme*. Pour les convaincre d'IMPIÉTÉ, d'*ignorance* et d'*impuissance*, nous avons de grandes choses à faire; déjà nous avons posé nos mains d'apôtres sur les INSTRUMENTS VIVANTS de l'*industrie*, déjà un grand nombre d'OUVRIERS nous ont salués du nom de pères; mais jusqu'ici nous ne les avons approchés qu'avec défiance dans nos propres forces; jusqu'ici nous n'avons été pour eux que des *docteurs* PHILANTHROPES, nous ne les avons pas fait vivre de notre vie Saint-Simonienne.

Oui, l'œuvre que nous accomplissons aujourd'hui est une œuvre de *matière*, une œuvre d'*industrie;* c'est la *chair* que nous réhabilitons, que nous sanctifions; mais rappelez-vous ce qu'a dit Eugène : *le feu sacré de l'enthousiasme ne s'allume point au chétif foyer de la philanthropie.* Certes, nous avons bien fait d'entrer dans la chambre de l'ouvrier, de l'en tirer, de l'associer avec ses frères, nous faisons bien encore de fonder des ateliers, de veiller à l'amélioration du sort moral, intellectuel et physique de ces enfants qui viennent à nous; mais nous abdiquerions la mission que SAINT-SIMON nous a donnée, et nous mériterions presque les accusations qui seront lancées contre nous, si nous réduisions le temple nouveau aux mesquines proportions d'une caserne ou plutôt d'un hospice. Ce ne sont point des *secours* que la classe la plus pauvre et la plus nombreuse attend des fils de SAINT-SIMON; elle veut une VIE NOUVELLE TOUT ENTIÈRE, une vie de religion et de poésie; il lui faut du grand, de la gloire; il lui faut des artistes qui l'exaltent et qui l'entraînent; l'ouvrier veut des fêtes; l'oisif en paie encore, mais n'en inspire plus; ce n'est pas seulement de l'*industrie* que nous faisons, c'est du *culte; l'utile* ne nous suffit plus, nous voulons du *beau;* nous sommes entrés chez les travailleurs en leur demandant le partage de leurs souffrances et de leurs larmes; mais n'oublions pas que pour qu'ils voient en nous autre chose que des aumôniers du Christ, nous devons leur rapporter un glorieux, un joyeux enthousiasme, et le répandre avec eux et par eux sur toute la terre.

TROISIÈME ENSEIGNEMENT

(2 DÉCEMBRE 1831.)

L'AUTORITÉ ET LA LIBERTÉ. — LA LOI VIVANTE.

Lorsque nous avons présenté le dogme Saint-Simonien sous sa forme *métaphysique*, nous avons rencontré souvent des objections et soutenu des discussions ; mais ces débats sur l'INFINI, manifesté dans le *fini* par le *moi* et le *non-moi*, n'ont puissance d'intéresser qu'un petit nombre d'esprits philosophiques : aussi n'excitent-ils que très-faiblement les sympathies de ceux mêmes qui s'y livrent. Il n'en est point ainsi lorsqu'on émet une pensée sur ces mots : AUTORITÉ, LIBERTÉ ; là, toutes les passions politiques sont en jeu ; et comme chacun d'ailleurs se pique de *raisonner* sur la politique, et prétend avoir sur un si grave sujet sa *théorie*, son *système* ; les débats sont plus animés, il s'agit d'une question VIVANTE. Lorsque nous aborderons la MORALE, nous rencontrerons des difficultés semblables et plus grandes encore ; car, dans l'état d'ÉGOISME où le monde est plongé, on s'expose plus encore à soulever contre soi les passions, lorsqu'on aborde les questions relatives à la vie INDIVIDUELLE, que lorsqu'on touche aux problèmes SOCIAUX.

Aujourd'hui nous allons parler de l'AUTORITÉ et de la LIBERTÉ, et nous dirons aussi ce qu'il faut entendre par LA LOI VIVANTE.

Pendant un long développement de la doctrine, nous avons trouvé dans de MAISTRE et dans les Pères de l'Eglise à peu près tout ce que nous avons *enseigné* et même *pratiqué* sur l'AUTORITÉ et la LIBERTÉ. La HIÉRARCHIE a été pour nous un *fait* DÉMONTRÉ, *une nécessité* LOGIQUE, un objet d'UTILITÉ. Il nous a été facile, sur le terrain de l'unité, de *combattre* toutes les idées du protestantisme, et de *juger* tous les phénomènes humains qui se rattachaient à l'Eglise chrétienne et à la critique de l'Eglise chrétienne. Il nous a même été possible de les *juger* avec plus de rigueur que de MAISTRE n'avait pu le faire, puisque aujourd'hui nous avons conscience de leur *valeur*, et que seuls nous sommes capables de les *apprécier*.

Jusqu'au moment où j'ai écrit la lettre à Duveyrier sur le CALME, la hiérarchie n'étant point fondée, vous ne pouviez sentir son caractère VIVANT et AIMANT, et il était naturel qu'elle ne fût pour vous qu'un *fait d'utilité*, qu'une *nécessité logique*. Tout ce que nous pouvions désirer, c'était qu'en sortant de l'époque critique dans laquelle nous avons, en quelque sorte, été pétris, nous pussions passer de la critique de *toute* AUTORITÉ à l'adoption, par NÉCESSITÉ, d'une AUTORITÉ *nouvelle*.

Ecoutez ce que je vous disais alors dans ma lettre à Charles Duveyrier sur le CALME :

Juin 1830.

« Vous n'avez pas encore bien compris, cher fils, » cette fameuse soirée qui vous a tant bouleversé, » cette nuit où je disais en parlant de nous tous : » « Nous ne nous aimons pas ! » Et cependant la » parole a germé ! mon air sombre se déride peu » à peu. L'amour que j'appelais circule dans les » membres de la famille Saint-Simonienne, les » échauffe et les unit chaque jour davantage. Tout » ceci s'est fait, pour ainsi dire, *à votre insu*. Vous » n'avez pas compris que c'était parce que j'étais » mécontent, ou plutôt parce que je n'étais pas » content, que vous avez *tous* fait ce qu'il fallait

» pour me contenter. Je vous ai paru triste; vous » avez voulu, *sans savoir pourquoi*, me rendre » joyeux, et vous avez bien fait. Aujourd'hui vous » me voyez CALME en présence de vos joies crois- » santes, et vous voudriez me rendre *enthousiaste*. » Eh bien ! non ; laissez-moi désirer encore, lais- » sez-moi désirer toujours, car je veux vous faire » marcher ; laissez-moi désirer plus que vous tous, » car je suis VOTRE PÈRE.

» Je suis CALME aujourd'hui, parce que les fem- » mes ne marchent pas encore à côté de nous ; je » suis calme, parce que je suis encore *vous* pour » Bazard, et qu'il est *vous* pour moi ; je suis calme, » parce qu'une sœur ne me tutoie pas, parce qu'à » peine si je puis embrasser une fille, parce que » Barrault travaille comme un forçat, parce que » Margerin nous voit à peine, parce que Fillassier » aime Lavigne comme il m'aimera un jour, parce » que tous mes fils m'aimeront plus qu'Holstein ne » m'aime, parce qu'aucun de vous n'a encore vrai- » ment de père, de mère, parce que mon frère Au- » guste n'est pas encore là, revêtu des formes Saint- » Simoniennes, parce qu'Eugène n'embrasse pas » Olinde et ses sœurs ; enfin, parce que je désire » un monde dont celui qui m'entoure est une » annonce, et qui ne se réalisera que si nous le

» désirons, Bazard et moi, plus que vous tous.

» Mon père, direz-vous, cher Charles, ne mar-» chons-nous pas? — Oui, nous marchons; et qui » donc en jouirait plus que ceux qui vous font mar-» cher?

» Mais avez-vous bien songé que nous n'avons, » Bazard et moi, personne au-dessus de nous, per-» sonne, que celui qui est toujours *calme*, parce » qu'il est l'éternel amour? Comme NOUS, *vous* ren-» dez tous à Dieu des actions de grâces; mais quelle » est la manifestation humaine de Dieu que NOUS » pouvons, comme *vous*, bénir? à quel homme di-» rons-nous : Mon père, je vous aime! Quelle » bouche s'appuiera sur notre front, et nous dira : » Mon fils, je t'aime! Grand Dieu! tu as donc » voulu que celui qui gouverne les hommes, que » celui qui ne relève que de toi, qui n'a de père » que toi, s'initiât au CALME de ton éternel amour! » tu as voulu que lui seul pût t'AIMER, *te con-» naître, te sentir, dans tout ce qui est!* Tu as » voulu que, n'obéissant qu'à toi, son amour *des-» cendît*, comme le tien, sur tous, et ne *remontât*, » comme le tien, qu'à toi-même. Tu as voulu que » le père des hommes fût pour les hommes ce que » tu es pour *l'univers*, l'âme, la vie d'un monde!

» Mon fils, voilà *pourquoi* mon CALME, qui vous

» intrigue, augmente, sans que vous sachiez pour-
» quoi, votre AMOUR. Mais il faut qu'il cesse de
» vous intriguer, de vous causer du malaise ; il faut
» que vous *sachiez* y lire clairement l'amour, et
» non l'indifférence ; pour cela, notre *science* vient
» éclairer, notre *verbe* vient vous révéler le mys-
» tère de *notre* amour ; c'est celui de *votre* vie.

» Qu'un sourire de votre père soit aussi puissant
» sur vous que tous les concerts de joie de l'huma-
» nité ; car ce sourire les annonce, il les fait naître.
» C'est lui qui, par vous et par vos fils, se répétera
» sur toute la terre !

» Ce peuple, mer immense, qu'une pierre, tom-
» bée de haut, remue dans sa surface, dans toute
» sa profondeur ; ce Jupiter, dont les païens ont dit :
» *Nutu tremefecit Olympum*, voilà ce que le pape
» Saint-Simonien doit SENTIR, doit *savoir*, doit
» *exprimer*.

» Que feriez-vous, enfants de SAINT-SIMON, si vos
» pères étaient comme vous, s'ils vous embrassaient
» chaque fois que vous vous jetez dans leurs bras,
» plus souvent même, car ils aiment plus que vous ?
» Que deviendriez-vous si Dieu ne leur avait pas
» donné puissance de maîtriser *en eux-mêmes* ce
» que personne *hors d'eux* ne saurait gouverner ?
» Vous n'avez pas à craindre les écarts de votre

» amour, vos pères sont là ; mais les arrêterez-vous, » vos pères, s'ils ne posent eux-mêmes la barrière » qu'ils ne doivent pas franchir ? ne faut-il pas » qu'ils portent le CALME à celui que la *joie* enivre, » le CALME à celui que le *désespoir* accable ?

» Que deviendriez-vous si ceux qui n'ont *que* des » fils ne vous rappelaient pas sans cesse que c'est » vers vos *fils* SURTOUT que vous devez diriger votre » amour ? Vous iriez vous perdre dans le sein qui » vous ATTIRE, oubliant que vous ne pouvez y être » reçus qu'en ATTIRANT à vous ceux qui en sont » plus éloignés. Instruments de l'amour divin, FILS, » *remontez vers vos pères* ; PÈRES, *descendez chez* » *vos fils*. Nous saurons vous imprimer ce *double* » mouvement, qui constitue la VIE SAINT-SIMO- » NIENNE ; c'est pour cela que Dieu n'a pas divisé » notre amour ; c'est pour cela que notre amour est » *un* comme le sien même ; c'est pour cela qu'en » nous est la source commune où vous puisez tous » le vôtre, qu'en nous est la *force initiale* qui vous » fait agir, mais que votre faiblesse vous oblige à » décomposer en *deux* forces que nous devons à » chaque instant *harmoniser* en les rappelant à un » même but, au but unique de notre vie, l'éléva- » tion morale, physique et intellectuelle du pauvre : » or, pour nous, IL N'Y A QUE DES PAUVRES.

» Mon fils, votre cœur est gros d'avenir ; vous » travaillez, vous voulez écrire l'histoire de l'humanité, du monde, et chanter leurs espérances. » L'hymne, le poëme se pressent pour sortir de » votre bouche ; mais dans la crainte de ne pouvoir accomplir tout ce que vous désirez, vous me » dites : Ces projets aboutiront peut-être à vous » adresser une *simple* lettre.

» Une *simple* lettre !... Elle ne me sera pas » adressée. Votre lettre à Bordillon est bien belle, » mais c'est une simple lettre, elle est adressée à » Bordillon. Lorsque vous saurez parler à Moïse, » à Jésus, à Saint-Simon, Bazard et moi recevrons » vos paroles ; elles nous seront vraiment *adres-* » *sées*.

» Votre père a dit. — Vous pouvez parler. »

Cette lettre a été peu SENTIE, elle ne l'est pas bien encore ; mais elle le sera chaque jour davantage. Et même tout notre développement RELIGIEUX peut être ainsi résumé : *l'intelligence de cette lettre*. Depuis le jour où un homme, sous l'influence de la foi Saint-Simonienne, a pu écrire ce que j'ai écrit dans cette lettre, depuis ce jour il y a eu vraiment un CHEF RELIGIEUX dans la société, dans la famille Saint-Simonienne.

Dimanche, je vous rappelais, en parlant du christianisme, que les premiers disciples du Christ, les évangélistes, et même les premiers Pères de l'Église, faisaient naître en vous une admiration beaucoup plus grande, je dirai plus, une sympathie beaucoup plus vive, que celle qui existe jusqu'à présent de vous à moi et entre vous. Aussi le monde prétend-il que nous ne sommes pas RELIGIEUX, et cependant nous prétendons, nous, apporter au monde une NOUVELLE RELIGION; nous, plus encore que les chrétiens, nous venons dire : la RELIGION consiste à RELIER les hommes entre eux et l'humanité au monde. Il semble dès lors que le LIEN qui existe entre nous devrait apparaître plus VIVANT qu'il n'est apparu entre les chrétiens, et que nous-mêmes nous devrions sentir ce LIEN d'une manière beaucoup plus VIVE que nous ne le sentons.

Nous avons la foi que lorsque l'humanité doit accomplir de *grandes choses*, ce sont de *grands hommes* qui les accomplissent. Quand nous ouvrons un livre, et que nous y voyons les noms de GRÉGOIRE VII, de CHARLEMAGNE, de NAPOLÉON, nous éprouvons soudain un sentiment que la doctrine ne peut encore nous inspirer. Le provoquer ce sentiment, par les réflexions que je fais en ce moment, je le sais, cela ne suffit pas. Le provoquer en disant : nous serons grands *un jour*, et l'humanité nous bénira ; c'est un espoir, mais la réalité n'est pas là !... Et cependant j'ai besoin de vous dire ce que je sens en moi, parce que vous y puiserez la révélation des désirs que je forme pour vous.

Or dimanche vous avez eu un témoignage éclatant de ma foi dans la mission que Dieu m'a confiée; dimanche, en présence des *protestations* faites contre mon AUTORITÉ, vous avez SENTI cette AUTORITÉ, et vous m'avez nommé, avec plus d'amour que jamais, votre PÈRE SUPRÊME ; dimanche était le premier jour de la *pratique* de notre VIE RELIGIEUSE, comme ma lettre sur le CALME en était la première expression *théorique*.

Un homme, seul, dans la méditation de sa vie intérieure, enfermé dans son cabinet, a CRU ! et il a *écrit*. Le même homme, voyant un peuple devant lui, a CRU ! et il a *parlé*.

La même FOI qui lui faisait dire à son fils : je ne t'écouterai que lorsque tu sauras parler à MOÏSE, à JÉSUS et à SAINT-SIMON, l'animait dimanche, au milieu de vous, et devant une nombreuse assemblée.

Là est le mystère de l'AUTORITÉ et de l'*obéissance*, de la LIBERTÉ et de la *dépendance*.

MOÏSE, JÉSUS, SAINT-SIMON, ce sont trois LOIS VIVANTES ; le caractère *différent* de l'AUTORITÉ exercée au nom de ces trois révélateurs résulte de la mission *différente* de chacun d'eux ; mais pour tous trois existe le même principe individuel, social et religieux d'AUTORITÉ.

Chacun d'eux est un *verbe incarné*, une *intelligence* manifestée par des *actes*, un AMOUR nouveau qui vient donner au monde, suivant le *temps* et suivant le *lieu*, la RÉVÉLATION de sa religieuse destinée.

Les successeurs de MOÏSE et de JÉSUS ont eu AUTORITÉ LÉGITIME, tant que l'humanité a eu besoin de la RÉVÉLATION juive et de la RÉVÉLATION chrétienne ; celle de SAINT-SIMON est définitive, car c'est la RÉVÉLATION du PROGRÈS.

Chacune de ces trois LOIS VIVANTES a eu et aura sa *loi écrite*. Les juifs ont eu leur *Bible* et les chrétiens leur *Évangile* ; et nous, hommes du PROGRÈS, nous avons un livre *ouvert* par SAINT-SIMON, *continué* par nous, où va être *inscrit* tout ce que je *dis* au milieu de vous, et qui ne se *fermera* qu'au jour où les destinées humaines seront accomplies.

L'AUTORITÉ s'est toujours exercée selon des *engagements* pris, selon des *serments* faits par le chef, selon SA *loi écrite :* mais déjà, avant nous, cette distinction entre la LOI VIVANTE et la *loi écrite*, entre le LÉGISLATEUR et son *code*, avait été sentie.

Les chrétiens ont bien su distinguer la *lettre morte* de la *lettre vivante*, ou, comme ils le disaient, la *lettre* de l'ESPRIT, car l'*esprit* seul, pour eux, était la VIE. Le moment où il n'existe plus qu'un *texte*, où les hommes qui GOUVERNENT ne sont plus que des *commentateurs* et non des CONTINUATEURS, des AJOUTEURS, des DÉVELOPPEURS de ce texte, ce moment est celui du *protestantisme*, sous quelque forme qu'il se présente, soit dans la *réforme* chrétienne, soit dans les *sectes* juives avant la venue de JÉSUS, soit aussi chez ceux de nos *dissidents* qui veulent aujourd'hui remonter jusqu'aux œuvres de notre maître, comme s'il n'avait transmis sa vie qu'à la presse, et qui prétendent être fidèles à la *doctrine*, en s'éloignant de l'ASSOCIATION D'HOMMES dans laquelle cette *doctrine* est *incarnée*.

La LOI VIVANTE, l'autorité du chef, est un principe éternel pour l'humanité, principe qui se manifeste d'une manière diverse, selon les différents besoins des hommes ; et toutefois, jusqu'ici, jusqu'au moment où la conscience humaine est fixée sur la foi au PROGRÈS, la LOI VIVANTE n'a pu, n'a dû avoir, dans l'opinion des hommes, qu'une valeur secondaire, qu'un caractère inférieur à celui de la *loi écrite* : aussi l'*arbitraire*, le *despotisme* ont-ils été des titres donnés justement à l'AUTORITÉ, à toutes les époques et dans tous les lieux où, avant SAINT-SIMON, le chef a prétendu que SA VOLONTÉ fût la LOI SUPRÊME.

La VOLONTÉ du chef ne peut en effet recevoir son caractère de légitimité que par notre dogme; l'humanité repoussera un jour comme absurde le principe mystique suivant lequel le *législateur* semble être le fils de la LOI, lui qui en est le créateur; en même temps elle ne redoutera plus l'arbitraire du pouvoir; c'est qu'alors il n'existera plus parmi les hommes des maîtres et des esclaves, et dans l'univers deux principes ennemis, Dieu et Satan; c'est qu'alors toutes les *individualités* seront sanctifiées, et que le respect de l'homme pour l'homme sera consacré pour toute la hiérarchie sociale. L'AUTORITÉ revêt un caractère entièrement neuf, du jour où le chef SENT, *sait* et *prouve* que tout ce qui porte figure humaine A LA MÊME DESTINÉE QUE LUI; du jour où le chef SENT, *sait* et *prouve* que TOUS *sont appelés* et que TOUS *seront élus*; car devant cette foi nouvelle tombent l'*esclavage* et le *despotisme*; devant elle l'*exploitation de l'homme par l'homme* cesse, pour faire place au désir d'améliorer le sort de celui qui MORALEMENT, *physiquement* et *intellectuellement*, a le plus besoin d'élévation.

Dans toutes les sociétés anciennes, l'humanité étant divisée en citoyens et ennemis, en maîtres et esclaves, en sacrés et profanes, en élus et réprouvés, toutes les relations humaines ont dû être empreintes d'un caractère que repousse l'avenir ; le chef exerçait un despotisme violent ou frauduleux, l'inférieur était servile ou révolté. Le païen courbé dans la poussière devant son maître armé, le chrétien agenouillé devant le ministre du Dieu de paix, n'ont pas connu l'OBÉISSANCE de l'avenir ; et le roi et le pontife n'ont rien su de l'AUTORITÉ nouvelle.

Aujourd'hui, en présence d'une société qui n'a, contre toute AUTORITÉ, que des habitudes de *révolte*, légitimes d'ailleurs, puisqu'il n'y a d'AUTORITÉ connue que l'*absolutisme* de CÉSAR et l'*infaillibilité* PAPALE, tous les efforts seraient vains pour ressusciter l'OBÉISSANCE ancienne. A la hiérarchie de la *contrainte*, à celle de la *ruse*, doit succéder la hiérarchie d'AMOUR, qui réveillera dans le cœur de l'homme un sentiment dont il semble depuis longtemps privé et qui sommeille, celui de la RECONNAISSANCE du faible pour le fort qui le protége, de l'ignorant pour le savant qui l'éclaire, de tout être vivant pour celui qui échauffe son âme. Alors la hiérarchie ne paraîtra pas seulement un fait *nécessaire* ou un fait *utile* ; en elle sera la VIE sociale, le lien SYMPATHIQUE qui UNIT tous les membres d'un même corps, qui les fait COMMUNIER dans une seule VOLONTÉ, dans un même AMOUR. Alors l'OBÉISSANCE RELIGIEUSE de l'inférieur éclipsera tout ce qu'il y avait de grandeur et de puissance dans la SOUMISSION du passé : la caste de l'antiquité, le patriciat, la noblesse féodale, pâliront devant le *patronage* de la CAPACITÉ.

Selon notre foi, l'INFÉRIEUR sent que tout ce qui ne vient pas de *lui*, tout ce qui ne vient pas de *sa spontanéité propre*, de sa *virtualité native*, lui est PARTICULIÈREMENT inspiré par son SUPÉRIEUR : je dis PARTICULIÈREMENT, afin de bien faire comprendre comment ce sentiment ne doit jamais être *absolu*, *exclusif*, car il conduirait au rétablissement de la CASTE. Selon notre foi, chacun sent que la condition *générale* de son élévation, c'est la place qu'il occupe dans la *société entière*, et que cependant la condition *spéciale* de cette élévation, c'est l'amour *particulier* du chef de sa fonction pour lui, c'est le patronage de l'homme qui lui transmet à chaque instant sa vie.

Mais avant de développer les conséquences de cette foi NOUVELLE dans une AUTORITÉ qui n'a pas d'exemple dans le passé, avant de vous faire sentir la LOI VIVANTE, selon l'ordre Saint-Simonien, j'ai besoin de fixer un instant votre attention sur la *loi écrite*.

Le chef exprime ce qu'il VEUT, ce qu'il DÉSIRE de *tous* et de *chacun*; voici sa RÉVÉLATION. SAINT-SIMON est venu, il a proclamé la sienne, et nous sommes allés à lui, parce qu'il nous disait ce qu'il VOULAIT, ce qu'il AIMAIT. Cette révélation faite à tous et à chacun par le chef, c'est la LOI; et c'est en même temps une *promesse* faite par le chef à l'égard de tous, car cette LOI, le chef lui-même SE *l'impose* : je dis qu'il SE *l'impose*, pour qu'on sente bien que je laisse de côté tous les dogmes *représentatifs* du gouvernement *parlementaire*. Cette LOI est sacrée pour le LÉGISLATEUR, jusqu'au progrès nouveau qu'il accomplit ou qu'il fait accomplir, en modifiant *lui-même* la LOI.

La promulgation d'une LOI nouvelle, c'est l'annonce à l'humanité d'une VOLONTÉ nouvelle du supérieur : il ajoute ainsi une page à la *loi écrite*, et à chaque instant cette parole *écrite* est une garantie pour le fidèle; c'est un *engagement* pris à son égard par le supérieur, de *juger*, selon une *règle* réciproquement convenue, posée par l'un et adoptée par l'autre, les actes de tous; c'est le *catéchisme* éternellement progressif, base sur laquelle la *justice* humaine s'appuie pour *apprécier* la MO-

RALITÉ des *pensées* et des *actes* de l'inférieur et du supérieur lui-même, car celui-ci n'est point INFAILLIBLE.

J'ai prononcé ce grand mot de JUSTICE : je vais dire ce que seront le JUGE et la JUSTICE dans l'avenir.

Le PRÊTRE n'est pas le *juge*. Le *juge* est l'homme qui *analyse* la vie humaine.

Le prêtre SENT qu'un fidèle est dans une position vertueuse ou vicieuse, lorsque son AMOUR pour lui augmente ou diminue. Il SENT cette position, et il l'exprime à sa manière, c'est-à-dire d'une manière PASSIONNÉE, remettant au *juge* le soin d'*analyser*, de *diviser* la VIE du fidèle, et de faire la part du *bien* et du *mal*, pour celui qui *s'élève*, de même que pour celui qui *faillit*.

Prononcé par le *juge*, l'arrêt est EXÉCUTÉ par celui qui punit et récompense, par celui qui APPLIQUE la LOI.

Telles sont les trois formes de la justice VIVANTE, *écrite*, *exécutive*. Et ce sont aussi trois modes de l'ÉDUCATION humaine : le SENTIMENT du prêtre, l'*arrêt* du juge, et l'*acte* de l'exécuteur, sont les trois formes sous lesquelles l'humanité reçoit ses *enseignements* les plus élevés ; car c'est ainsi que chacun reçoit un NOM, un *rang* et une *attribution* dans l'ordre social.

Le *juge* et l'*exécuteur*, soit qu'ils condamnent ou glorifient, soit qu'ils punissent ou récompensent, sont toujours rappelés par le PRÊTRE à ce SENTIMENT divin, savoir : que la destinée DÉFINITIVE de l'homme soumis au *jugement* et à l'*exécution* du jugement, quel que soit cet homme, est sainte, et ne diffère pas de celle qui est réservée au *juge* et à l'*exécuteur*, et au PRÊTRE lui-même.

De là résulte un LIEN inconnu à toutes les RELIGIONS du passé, qui UNIT tous les hommes, sans exception, depuis le CHEF SUPRÊME jusqu'à l'être placé le plus bas dans l'échelle sociale ; depuis l'homme qui n'a pas de supérieur ni même d'égal, jusqu'à celui qui n'a personne au-dessous de lui ; depuis l'homme auquel se rattachent tous les autres hommes, jusqu'à celui qui a, pour ainsi dire, rompu son ban avec l'humanité; lien indissoluble, universel, symbole toujours présent de la FRATERNITÉ DÉFINITIVE.

L'une des deux cérémonies les plus importantes de l'avenir, ce sera celle de la *condamnation* la plus grande; celle où le crime le plus épouvantable recevra son *jugement* et l'*exécution* de ce jugement : jour de deuil, mais jour puissant pour l'éducation du genre humain. Alors le criminel ne sera point frappé d'un indélébile anathème ni d'une réprobation éternelle, et le CHEF SUPRÊME, en présence de ce malheureux qui, parmi tous ses enfants, aura le plus failli, sentira remonter vers lui-même une partie du jugement prononcé contre le criminel; car lui-même fut, est, et sera FAILLIBLE, il est HOMME. Dans ce moment solennel, je vois le CHEF SUPRÊME, entre le *juge* et l'*exécuteur*, tendre ses mains paternelles au coupable, et l'interroger, attendant de cet homme si bas, si misérable, attendant à son tour une révélation. « Dis-moi, enfant, dis, qui donc y a-t-il en moi, en nous tous, de si mauvais encore, que la famille dont je suis le père ne puisse pas donner le bonheur à l'un de ses membres, ni l'empêcher, à force d'amour, de se révolter contre elle? Dis, que nous manque-t-il? Moi-même, quel progrès ai-je à faire? Aide-moi à l'accomplir. Dieu est tout ce qui est, nul de nous n'est lui, et AUCUN DE MES ENFANTS N'EST HORS DE LUI. »

Ce LIEN entre le chef suprême et le dernier des hommes a été pressenti à toutes les époques par l'humanité, qui a toujours aspiré à l'*égalité*; mais il a dû l'être particulièrement par le christianisme, qui substituait à l'esclavage du plus grand nombre la *fraternité* universelle : aussi, au milieu des pratiques d'un culte qui établissait cependant encore une distance incommensurable entre un chef *infaillible* et tous les fidèles, le serviteur des serviteurs de Dieu se courbait devant les pieds fatigués du pauvre, les baignait, les lavait, les essuyait, en répétant la parole du Christ : « Si moi, qui suis votre seigneur et votre maître, je lave vos pieds, ce que je fais pour vous, faites-le entre vous ; je vous ai donné l'exemple. »

Mais n'oubliez point qu'en mettant sous vos yeux, comme je viens de le faire, le tableau de l'*humilité* transfigurée par SAINT-SIMON, n'oubliez pas que malgré l'abandon fait par nous au passé de l'*infaillibilité* papale, le père de la famille nouvelle, s'il reconnaît sa *faiblesse*, sent et exprime aussi sa *puissance :* il n'est CHEF SUPRÊME que parce qu'il renferme en LUI, à un degré SUPRÊME, l'amour et le respect pour *tous*, mais aussi le besoin de l'amour et du respect de *tous* pour LUI.

MODÉRATEUR de l'*orgueil* et de l'*humilité*, le PRÊTRE Saint-Simonien abaisse celui qui faillit par *exaltation*, et relève celui qui tombe par *abnégation*; c'est à ces deux conditions, qui ne se sont jamais trouvées RELIGIEUSEMENT UNIES dans le passé, que se distingue le sacerdoce nouveau. Si, dans le moyen âge, le prêtre et le guerrier ont tenté l'union impossible de l'HUMILITÉ *pacifique* et de la GLOIRE *militaire*, c'est à l'avenir seul qu'est réservée la sainte UNION, non plus de l'*orgueil* et de l'*humilité*, mais d'une *gloire* et d'une *modestie* nouvelles; lui seul présentera la solution de cet immense problème qui travaille le monde sous ces mots, AUTORITÉ et LIBERTÉ, *droit divin* et *souveraineté du peuple*.

C'est par la FEMME que cessera toute *discussion*, je dirai même tout *enseignement* sur l'AUTORITÉ, car l'autorité ne s'enseigne et ne se discute point; si jusqu'ici l'on a tant argumenté sur ce sujet, c'est que le chef ne s'est jamais manifesté pour TOUS d'une manière *aimante* et *attrayante*, et cette impuissance était naturelle, car tout *homme* est impuissant pour embrasser TOUTES les manifestations de la vie : or l'autorité jusqu'ici fut MALE, et pourtant la société est composée d'*hommes* et de *femmes*. Songez que ceux qui ne savent point, je ne dis pas *plier* devant un homme, mais *s'élever* vers lui pour l'embrasser avec amour, se rapprocheront du chef, lorsque chaque fonction sera exercée par un COUPLE. Voyez autour de vous combien d'hommes qui résistent obstinément à l'autorité d'un homme, et qui *obéissent* en aveugles à l'autorité d'une femme; et combien de femmes surtout qui rougiraient de reconnaître parmi les femmes une supérieure, une égale même, et qui s'abandonnent en esclaves aimantes aux caprices d'un maître qu'elles idolâtrent.

En parlant du couple suprême j'ai déjà dit ailleurs :

« Vivante image de TOUT CE QUI EST, de DIEU, couple du PROGRÈS, *un* et *multiple* à la fois, tu portes dans ton sein et tu répands sur le monde le CALME de ton puissant amour. Tu sais modérer l'*ardeur* et réveiller la *patience*, joindre l'*intelligence* à la *force* et la *grâce* à la *raison* : d'une main tu pèses sur l'*orgueil*, de l'autre tu élèves l'*humilité*; tu *écoutes* la voix des siècles *passés*, nulle *tradition* ne frappe en vain ton *oreille*; et tu *proclames* les *destinées* de l'humanité et du monde, tu *chantes* l'éternelle *prophétie*. »

Cette forme nouvelle de l'AUTORITÉ dans l'avenir renferme une garantie toute-puissante contre le DESPOTISME et contre la RÉVOLTE. Lorsque le pouvoir sera exercé par un COUPLE, rien de ce qui est *humain* n'échappera à son AUTORITÉ ; l'OBÉISSANCE sera facile, parce que l'inférieur sera toujours SENTI par le supérieur. Dans tout le passé, au contraire, une portion considérable de ce qui est *humain* échappait à la vue du chef, puisqu'il était *seul;* et tout ce qui échappait à son amour était *réprouvé* et *comprimé* par lui; alors des *chaînes* pesantes et de cruelles *damnations* écrasaient cette portion de l'humanité qui rêvait dans le silence des *prisons* et dans les douleurs de la *pénitence* son affranchissement, et qui le préparait sans cesse par le *mensonge* ou par la *violence :* alors, dans l'intérêt de ces esclaves et de ces parias, et aussi dans l'intérêt de tous, car tous souffrent là où règne l'esclavage, et là où fulmine l'excommunication, quelques voix généreuses ont pu et ont dû s'écrier parfois, et faire répéter aux peuples, que l'*insurrection était le plus saint des devoirs.*

Mais l'AUTORITÉ de l'avenir n'a plus d'anathèmes et de réprobation; elle comprend l'humanité tout entière dans son amour; elle n'est plus *exclusive,* elle n'est donc plus *absolue,* elle AIME, elle est AIMÉE.

Ici se présente une objection, et c'est vraiment la seule qui puisse nous intéresser aujourd'hui, parce que nous avons déjà si souvent levé, dans nos enseignements et nos discussions publiques, celles qui s'appuient sur la réapparition possible, à la suite de nos doctrines, du DESPOTISME tel qu'il a été conçu jusqu'ici, c'est-à-dire avec toute sa *violence* et sa *brutalité*, que nous pouvons considérer notre tâche comme étant accomplie sous ce rapport. D'ailleurs l'objection dont je parle a été soulevée au milieu de nous, et dans ce moment elle est portée en dehors de nous par des personnes qui ont cru pouvoir appuyer sur elle leur éloignement de notre famille.

On a accusé notre foi dans la LOI VIVANTE, telle qu'elle a été présentée par BAZARD lui-même dans la treizième leçon du second volume, et par moi dans tous mes travaux (particulièrement dans la lettre sur le CALME et dans l'article du *Globe* sur le PRÊTRE) de fonder l'AUTORITÉ nouvelle sur un principe d'*attraction*, de *séduction*. Remarquez d'abord qu'une pareille objection ne pouvait nous être faite que par des Saint-Simoniens; elle ne pouvait être conçue que par ceux qui avaient eu sous les yeux le spectacle préparatoire même et fort incomplet de l'AUTORITÉ nouvelle, du PATRONAGE d'amour que SAINT-SIMON est venu révéler aux hommes. Le monde qui nous entoure n'aurait jamais pu se douter d'une objection de ce genre; il est si habitué, depuis longtemps, à croire qu'un pouvoir, quel qu'il soit, ne saurait jamais être trop *séduisant*, trop *attrayant!*

L'*attrait*, la *séduction* dans le pouvoir !... Mais ne serait-ce pas l'application la plus directe de notre *dogme?* Ne disons-nous pas que c'est l'AMOUR qui doit présider aux destinées sociales? que l'homme le plus capable de GOUVERNER est le plus AIMANT? Or, le plus AIMANT ne peut-il pas prétendre à être le plus AIMÉ? et le plus AIMÉ, n'est-ce pas celui qui ATTIRE, qui ENTRAINE, qui SÉDUIT le plus?

Voici, au reste, sous quelle forme cette puissance ATTRACTIVE du supérieur a été présentée comme dangereuse. On a dit que pour s'assurer L'AMOUR et la DÉVOTION de l'inférieur, le supérieur le flatterait dans ses *vices.*

Il y a ici deux grosses erreurs, deux graves hérésies. D'abord une pareille conduite de la part du chef supposerait qu'il considère certains individus, et peut-être même tous ses *inférieurs*, comme étant, avant tout, d'une nature *vicieuse*, puisque ce serait par leurs *vices* qu'il chercherait à les rapprocher de lui ; or, au nom de SAINT-SIMON, moi, votre père, je déclare que je ne connais pas de nature *vicieuse*; pour moi tout être vivant est PROGRESSIF. Sans doute tout être fini peut se présenter à moi comme *bon* ou *mauvais*, toute VIE peut être JUGÉE *vertueuse* ou *vicieuse* ; mais ces deux formes sous lesquelles chaque être se manifeste à mon *in-*

telligence, lorsque j'*analyse* sa vie, sont deux formes *abstraites*, selon lesquelles *j'élève* ou *j'abaisse* dans la hiérarchie sociale, selon lesquelles je CLASSE les capacités, je JUGE, je DÉFINIS, je COMPARE mes enfants entre eux et avec moi-même; mais ce n'est point parce que je les *juge* qu'ils M'AIMENT, c'est parce que je les AIME; bien plus, je ne puis les *juger* que parce qu'un lien D'AMOUR les unit à moi et m'unit à eux, pour l'accomplissement PROGRESSIF d'une destinée commune.

Je le répète, pour moi toute nature finie est avant tout PROGRESSIVE; c'est au *désir* qui est en elle d'*améliorer* SA destinée et la destinée des AUTRES que je m'adresse pour l'ATTACHER à moi; car c'est ce même désir qui est le secret de ma propre naissance, le mystère de ma vie.

En second lieu, pour s'assurer d'une manière durable la DÉVOTION de l'inférieur, il faut connaître la loi de son développement, et lui révéler la forme suivant laquelle il doit la réaliser dans le temps; car nul ne saurait prétendre GOUVERNER, COMMANDER, s'il n'a pas le don de concevoir et de révéler la *vocation* de chacun, s'il n'a pas le secret de la *destinée* de ses enfants. Quelles que soient les erreurs possibles, plus que possibles, certaines même, que la sympathie *limitée* du chef peut lui faire commettre, ce qui le constitue chef, par rapport à tous, c'est qu'il a, plus que tout autre, conscience de la loi du développement de chaque individu.

Dans la série d'*individualités* qui se développent harmoniquement et constituent par leur union la société humaine, chacun a sa loi PROPRE, sa vocation, sa destinée, suivant laquelle il doit être développé, et qui le conduit, depuis le degré le plus bas de l'échelle sociale, jusqu'à la limite définitive que tout être humain doit atteindre. L'art du PRÊTRE ou du PÈRE, sa puissance, consiste à marcher devant *lui*, dans cette voie que Dieu a tracée pour *lui*, et que le PRÊTRE *lui* ouvre. Le PRÊTRE sent, dans la communion d'amour qui s'établit entre lui et le *fidèle*, la forme sous laquelle cet enfant qu'il aime désire se développer ; et cette forme qui n'avait été pour le *fidèle* qu'un rêve obscur, devient, par la parole du PRÊTRE, une révélation positive. C'est donc la *spontanéité* de chacun que le PRÊTRE doit découvrir s'il veut GOUVERNER ; il faut que le prêtre sente le PROGRÈS que chacun VEUT accomplir, il lui révèle ainsi SA capacité, SA vie, SON amour ; ce qu'il ORDONNE alors au fidèle c'est précisément ce que celui-ci AIME A FAIRE : or telle est la garantie de la LIBERTÉ pour l'avenir.

Je vous le dis encore une fois, il ne s'agit pas

pour le PRÊTRE de faire le départ du *bien* et du *mal*, de peser le *vice* et la *vertu*, c'est l'œuvre du *juge*, le prêtre y perdrait son temps, sa puissance et son amour; ce n'est point là sa fonction ; il doit laisser *raisonner* sur le vice et la vertu celui qui donne et qui trouve la VIE en *raisonnant*. Si l'on avait conscience que le PRÊTRE n'est pas *juge*, mais un INSPIRATEUR, un RÉVÉLATEUR, un PROGRESSEUR, on ne craindrait pas qu'il développât les individus selon leurs *vices*, on verrait qu'il ne peut les développer que selon le sentiment PROGRESSIF qui constitue la VIE de tout être *fini* se développant au sein de DIEU, VIE UNIVERSELLE.

Je reviens à ce que je vous disais sur la loi de développement de chaque individu.

En vous parlant de cette LOI individuelle, je dépose en vous le germe de toute foi à la VIE FUTURE et à la VIE PASSÉE. C'est en considérant l'ÊTRE comme ayant toujours une *tradition* et un *espoir*, c'est en le sentant lié à ce qui FUT et à ce qui SERA, qu'on sent qui il EST, comment il est lié à TOUT CE QUI EST, comment il VIT, quelle est sa foi RELIGIEUSE. Celui qui VIT *le mieux* sent celui qui VIT *moins bien*, la hiérarchie est le fait humain. Élever celui qui vit moins bien que soi, c'est lui faire sentir qu'on a en soi la puissance de le développer suivant le

PROGRÈS qu'il désire ; et il est clair que l'homme qui découvre vers quel but se dirige *instinctivement* un autre homme, et qui le lui révèle *clairement*, exerce sur lui une puissance d'ATTRACTION, d'ENTRAÎNEMENT, de SÉDUCTION très-grande. Dire aux hommes, à chacun comme à tous, ce qu'ils désirent, et le leur apprendre avant qu'ils aient pu eux-mêmes le formuler, c'est, je le confesse à la gloire de notre maître, c'est PROFÉRER LA PAROLE DE DIEU, et quel est donc celui d'entre vous, enfants, qui, lorsque nous lui avons appris qu'il pouvait poser sur sa tête la couronne de l'apostolat, n'a pas été SÉDUIT par nous? laissez, laissez aux faibles la crainte d'être SÉDUITS par l'homme qui leur révèle un amour nouveau.

Écoutez ; à chaque époque où l'humanité a eu de grandes choses à faire, elle a été entraînée par des hommes, par UN homme surtout qui s'est trouvé placé à une distance immense de ceux qui l'entouraient. Cet homme, ce fut MOÏSE, ORPHÉE, JÉSUS, MAHOMET, SAINT-SIMON, GRÉGOIRE VII et CHARLEMAGNE, LUTHER et NAPOLÉON ; ils ont exercé sur l'humanité une véritable dictature. Eh bien, je vous le dis, nous avons encore aujourd'hui une grande chose à faire, une œuvre immense ; plus nous allons marcher, et plus votre père qui vous parle exercera sur vous une dictature, mais une dictature NOUVELLE, car il ne connaît pas d'ennemis ni de profanes; l'affection dont vous l'entourerez étonnera le monde, qui ne comprend plus ce que c'est que d'aimer un chef, un père; l'humanité doit retrouver par moi les joies de la *paternité*, par vous les douceurs de l'obéissance *filiale*, et pour cela nous réagirons fortement sur elle; car elle a bien troublé les sources de sa vie.

Lorsque les PROLÉTAIRES et les FEMMES sentiront qui nous sommes, et ce que nous sommes venus faire pour eux, ceux d'entre vous qui pourraient craindre encore l'enivrement de l'hommage pour moi devront se tenir en garde eux-mêmes. Vous tous, qui êtes ici, vous aurez plus à vous en garantir que moi, car j'ai prévu avant vous que cet hommage entourerait notre apostolat, et ce sera encore moi qui saurai vous en défendre. Alors on comprendra sans peine combien est puéril ce reproche fait à l'AUTORITÉ Saint-Simonienne, de vouloir caresser les *vices* pour obtenir la *dévotion* au pouvoir; vous-mêmes, vous sentirez combien votre autorité serait faible si vous la pratiquiez ainsi; et là où vous verrez la puissance, vous saurez bien que ce n'est point avec cette arme satanique qu'elle a été conquise.

Chers enfants, c'est du sein même de notre famille que ce reproche de SÉDUCTION a été dirigé contre la LOI VIVANTE ; eh bien ! vous le saviez alors, et vous en avez aujourd'hui le témoignage irrécusable, les hommes qui nous ont adressé ce reproche avaient, il est vrai, des *inférieurs* qui leur obéissaient, des *élèves* qui écoutaient respectueusement leur parole ; mais quel est donc celui qui, en nous quittant, a ENTRAÎNÉ avec lui des FILS, des fils SÉDUITS par son amour ? Où sont donc ceux qui ont mis en société, en famille, leur existence ? Quoi ! parce qu'une rude *indépendance* a longtemps mutilé leurs cœurs, ils croyaient que c'était profaner la dignité humaine que d'ATTACHER à sa vie celui à qui l'on a donné la vie ; ils se défendaient presque de l'amour qui aurait voulu remonter vers eux, ils le fuyaient, ils n'en voulaient pas ; ils n'étaient pas PRÊTRES DE LA LOI NOUVELLE.

QUATRIÈME ENSEIGNEMENT

(3 DÉCEMBRE 1831)

LA LOI VIVANTE (SUITE)

Je vous ai montré comment la phase nouvelle dans laquelle entrait la doctrine était la conséquence de ses progrès antérieurs. Si nous faisons pour la LOI VIVANTE un retour sur nos précédents travaux, nous trouverons, dans quelques-uns des passages les plus marquants de la 13e leçon du second volume entièrement écrit par Bazard, l'expression, même assez *absolue*, de la LOI VIVANTE pour l'avenir. Voici ces passages :

« Ce qu'on appelle la LOI aujourd'hui est une
» divinité mystique, devant laquelle on s'incline
» d'autant plus profondément que l'on fait plus
» hautement profession de ne point se soumettre
» aux *hommes;* ce qui n'est, après tout, qu'une
» forme à l'aide de laquelle on cherche à se sous-
» traire à toute direction, à toute autorité, puisque
» la *loi*, séparée des hommes, n'étant plus qu'un
» être de raison, sans volonté et sans puissance,

» prétendre n'obéir qu'à la loi, c'est en définitive » prétendre ne point obéir.

» Cette distinction, établie entre la loi et les » hommes, doit sans doute paraître surprenante de » la part de la génération qui, par-dessus tout, se » prétend douée de l'esprit POSITIF ; mais en consi- » dérant attentivement de quelle manière se pro- » duit la législation, on trouve que tout est disposé » pour favoriser cette illusion, cette fiction, pour » lui donner même une sorte de réalité.

» Et en effet, quels sont aujourd'hui les LÉGISLA- » TEURS? Des hommes plus ou moins étrangers aux » faits, aux intérêts sur lesquels ils ont à pronon- » cer, plus ou moins étrangers même les uns aux » autres, et qui, rapprochés temporairement, se » dispersent pour ne plus se retrouver, dès qu'ils » sont parvenus, à l'aide d'une manœuvre délibé- » rante, à produire le règlement qui leur était de- » mandé ; restant aussi inconnus à la société, après » cette apparition momentanée sur la scène législa- » tive, qu'ils l'étaient auparavant, et ne laissant » après eux, et dans leur ouvrage même, aucune » trace de leur personnalité : de telle sorte que la » LOI qui est émanée d'eux, et qui leur échappe » dès qu'elle est faite, peut se présenter à leurs » propres yeux comme un produit spontané.

» Cette absence de tout caractère déterminé dans » le LÉGISLATEUR se fait vivement sentir dans la » LOI, qui, dans ses prescriptions, dans l'applica- » tion de ses sanctions, ne fait aucune acception des » situations morales différentes dans lesquelles » peuvent se trouver les individus, en raison de » leurs fonctions et de leur rang dans la société, » et qui est réputée d'autant plus parfaite, qu'elle » se renferme à cet égard dans une abstraction » plus rigoureuse; c'est-à-dire, qu'elle tient moins » de compte des seules circonstances qui peuvent » déterminer la valeur, la moralité des actes; ou, » en d'autres termes encore, qu'elle reste plus » étrangère à la vie, à la réalité, qui ne se trou- » vent, en définitive, que dans les différences » qu'elle néglige.

» Mais à la loi il faut des interprètes, et il sem- » ble qu'à ce terme au moins elle doit inévitable- » ment se personnifier; mais ici encore, tout est » disposé pour prévenir cette personnification : le » juge, comme la loi, est une abstraction; sa seule » fonction est de juger, et plus il est étranger aux » intérêts dans lesquels s'est produit le désordre » qui lui est soumis, plus les individus dont il doit » apprécier la moralité lui sont inconnus, et plus » aussi sa position est réputée favorable à l'accom-

» plissement de ses devoirs. L'occasion étant don- » née où il est appelé à prononcer, sa tâche se » réduit, d'une part, à caractériser le *fait* d'une » manière *abstraite*, sans avoir égard aux per- » sonnes, à leurs fonctions, à leurs qualités; de » l'autre à rapprocher cette abstraction de la loi; » et, si elle l'a prévue, à lui appliquer la sanction » qu'elle prononce; de telle sorte que le tribunal » disparaît, et que c'est la LOI seule qui paraît por- » ter la sentence. Le *juge* ajouté à la *loi* n'est, pour » ainsi dire, qu'une impulsion mécanique donnée » à une matière inerte : il peut résulter de là du » *mouvement*, mais non point de la VIE; des *for-* » *mules*, mais non point des JUGEMENTS; aussi la » plupart des actes de la VIE, qui seraient suscep- » tibles d'être *punis* ou *récompensés*, échappent-ils » à cette machine, qui ne saurait ni les saisir ni les » qualifier; et lorsqu'elle les atteint, c'est presque » toujours d'une manière violente, *injuste*, car » c'est sans discernement.

» Ce défaut de vie ou de sympathie, et par con- » séquent de discernement, dans la loi et dans le » juge, n'est pas resté complétement inaperçu; et » dans les cas les plus graves, dans ceux où la pé- » nalité prend le caractère le plus redoutable, on a » essayé de le combler par l'institution d'une classe

» intermédiaire de juges qui, sous le nom de *ju-
» rés*, sont appelés, par le fait, sinon par le droit,
» à apprécier l'acte déféré à la justice, tels qu'ils le
» SENTENT dans son auteur; mais comme ces juges
» accidentels, qui sont choisis sans aucun égard au
» rapport qui peut exister entre leurs occupations
» habituelles et la fonction qui leur est temporai-
» rement dévolue, sont, comme les juges ordi-
» naires, étrangers aux circonstances dans les-
» quelles le délit a été commis, et à l'individu qui
» en est accusé; que d'ailleurs il leur est interdit
» de *juger* le fait qu'ils constatent, il s'ensuit que
» c'est encore la parole MORTE de la LOI qui domine
» dans les jugements où ils interviennent. Le jury,
» dans certains cas, peut bien tempérer le mouve-
» ment aveugle de la machine légale, mais ce n'est
» pas là encore la LOI VIVANTE.

» La LOI VIVANTE ne se trouve qu'aux époques
» organiques, et alors la LOI c'est l'HOMME; toujours
» elle a un NOM, et ce nom est celui de SON AU-
» TEUR; et d'abord celle qui domine toutes les
» autres, celle qui a fondé la société, c'est, selon
» les temps, ou la loi de Numa, ou celle de Moïse,
» ou celle du Christ, comme dans l'avenir ce sera
» celle de SAINT-SIMON. Bien loin alors que la so-
» ciété s'efforce de mettre dans l'ombre le LÉGISLA-

» TEUR suprême, dont l'amour prophétique lui a
» donné naissance, elle s'empare de son *nom*, elle
» l'*incarne* en elle ; c'est par ce *nom* qu'elle est,
» et c'est en lui qu'elle se glorifie d'être. Toutes
» les LOIS qui, dans la suite des temps, se produi-
» sent comme l'interprétation, le développement ou
» le perfectionnement de la loi révélatrice, devien-
» nent également inséparables de leurs AUTEURS.

» C'est toujours alors le LÉGISLATEUR que l'on
» aime ; c'est à lui que l'on obéit. Or, ceci s'appli-
» que surtout à l'avenir, où doivent achever de se
» prononcer, de se caractériser tous les traits de
» l'ORDRE social, qui n'ont pu se montrer que d'une
» manière informe dans les états organiques du
» passé, puisque ces états n'étaient que prépara-
» toires.

» Dans l'avenir, toute LOI est la déclaration par
» laquelle celui qui préside à une fonction, à un
» ordre quelconque de relations sociales, fait con-
» naître SA VOLONTÉ à ses inférieurs, en sanction-
» nant ses prescriptions par des *peines* ou par des
» *récompenses*.

» Tout jugement est l'acte par lequel le supé-
» rieur punit ou récompense son inférieur dans
» l'ordre des travaux ou des relations qu'il dirige.

» Ainsi la LOI est toujours réelle et précise ; car

» elle se rapporte toujours à une situation déter-
» minée, et le LÉGISLATEUR est toujours l'homme
» qui est le plus en état d'apprécier ce qui convient
» à la situation qu'il règle.

» Le jugement est toujours équitable, car le
» juge est à la fois celui qui AIME et qui *connaît*
» le mieux l'ordre qu'il a pour but de maintenir,
» et l'individu qu'il juge.

» Mais le fait sur lequel repose tout cet avenir,
» la hiérarchie, est justement ce qu'il y a de plus
» difficile à admettre à une époque comme celle où
» nous vivons, où la victoire dont on s'applaudit le
» plus est précisément d'avoir brisé toute hiérar-
» chie, et où la dignité de caractère consiste sur-
» tout à ne point reconnaître de supérieurs : c'est
» donc sur ce fait important, sur ce point fonda-
» mental, qu'il est le plus nécessaire d'insister.

» Le supérieur, avons-nous dit, est celui qui,
» dans la sphère où il dispose, aime le plus Dieu
» et l'humanité, ou l'humanité en Dieu : ce qu'il
» commande à ceux qui lui sont soumis, c'est donc
» le PROGRÈS; car le progrès est ce qu'ils veulent,
» et c'est la loi de Dieu. Le supérieur veut s'élever;
» mais la destination qui lui est donnée est d'élever
» d'autres hommes; il ne peut donc s'avancer dans
» la voie du progrès qu'en y faisant avancer ses

» inférieurs; l'amour qu'il leur porte n'est donc, » sous un point de vue, que l'amour qu'il a pour » lui-même.

» L'inférieur aime le supérieur, car il tend au » PROGRÈS, et IL NE PEUT Y TENDRE QUE PARCE » QU'IL AIME CE QUI EST AU-DESSUS DE LUI. Il obéit » avec joie, car l'obéissance l'identifie avec le su- » périeur; l'amour qu'il lui porte vient donc aussi » se confondre avec celui qu'il a pour lui-même.

» L'AMOUR, sous son double aspect *concentrique* » et *excentrique*, l'amour de *soi* et l'amour des » *autres*, voilà la base de la hiérarchie, la raison » de l'AUTORITÉ et de l'OBÉISSANCE que nous dési- » rons et que nous ANNONÇONS.

» Et maintenant, en résumant tout ce que nous » avons dit sur l'ordre social qui doit s'établir, » comparez l'état d'indépendance où nous vivons, » dans lequel chaque homme naît sans destination, » grandit péniblement au milieu de circonstances » qui lui ont été fatalement imposées, se place plus » péniblement encore dans le monde, et presque » toujours en raison inverse de ses goûts, de sa ca- » pacité; rencontrant à chaque pas des obstacles, » des rivaux qu'il doit combattre, écarter sans au- » cun secours; car tous sont occupés individuelle- » ment, isolément comme lui, à se pourvoir, à se

» défendre : comparez cet état à celui dans lequel » chaque homme, à sa naissance, trouve une main » amie et toute-puissante qui vient soutenir ses » premiers pas, l'aider à chercher la carrière qu'il » doit parcourir, lui donner les forces dont il a » besoin pour y marcher, le mettre enfin en pos- » session de la place qui lui était marquée par Dieu, » et à ce terme encore le soutenir, le guider, l'as- » sister sans cesse, et vous verrez, vous sentirez que » l'INDÉPENDANCE qu'on nous vante n'est que *ser-* » *vitude* et *fatalité*, et que le règne de l'AUTORITÉ » que nous annonçons est celui de la LIBERTÉ, de » la PROVIDENCE. »

Chers enfants, voilà ce que nous avons tous enseigné depuis longtemps sur la LOI VIVANTE, et vous le voyez, ainsi que je vous l'ai déjà dit, les termes dont s'est servi BAZARD sont assez absolus ; on peut même remarquer que nous étions beaucoup plus occupés de signaler le caractère du *supérieur* que celui de l'*inférieur*, et que nous tenions plus à réhabiliter le sentiment d'AUTORITÉ, qui depuis longtemps s'est retiré du cœur de l'homme, qu'à répondre à celui de la LIBERTÉ qui le gonfle aujourd'hui d'une manière anormale. Il était bon, juste et utile de suivre une pareille marche, puisque nous sortons d'une époque critique dans laquelle la *légi-*

timité de toute PUISSANCE est inconnue ou méconnue, tandis que le besoin d'*indépendance* agite toutes les âmes. Au reste, malgré cette prédominance donnée à l'AUTORITÉ dans le travail que je viens de vous lire et dans nos *enseignements*, ainsi que dans toute la *pratique* de notre vie jusqu'à ce jour, vous devez comprendre que quels que soient, dans l'avenir, les développements donnés au SENTIMENT, à la *théorie* et à la *pratique* de la LIBERTÉ, nous en avons solidement posé les bases, en proclamant le CLASSEMENT SELON LA VOCATION, puisque la définition de la LIBERTÉ est renfermée pour nous dans cette formule rédigée également par Bazard . l'homme est LIBRE quand il AIME ce qu'il DOIT FAIRE.

Je vous ai dit les relations du supérieur et de l'inférieur dans l'avenir, en les rattachant à notre *dogme* qui ne laisse plus de place, dans le cœur de l'homme, à la réprobation et à l'anathème, au despotisme et à l'esclavage, et qui impose pour condition d'élévation au supérieur le devoir d'élever sans cesse l'inférieur, sous le triple rapport MORAL, *physique* et *intellectuel*. Mais j'ai besoin de résumer les idées que je vous ai présentées, dans un ordre méthodique, pour vous faire sentir nettement combien elles sont des déductions, des transformations logiques de notre *dogme*. Ce travail est déjà fait d'ailleurs en grande partie dans le commentaire que j'ai donné, le jour de la communion générale de la famille (8 juillet dernier), à la formule sous laquelle j'ai présenté alors le dogme Saint-Simonien.

J'avais dit :

DIEU est TOUT CE QUI EST ;
Tout est en lui, tout est par lui.

Nul de NOUS n'est hors de lui ;
Mais aucun de NOUS n'est lui.

CHACUN de nous vit de sa vie,
Et TOUS nous COMMUNIONS en lui ;
Car il est TOUT CE QUI EST.

Et j'ai ajouté comme développement :

« A nous, DIEU a donné mission d'appeler progressivement le monde à cette UNIVERSELLE COMMUNION : il ne nous commande plus d'*exterminer* des peuples, ni de nous *immoler* nous-mêmes ; car il est TOUT CE QUI EST ; loin de nous donc la COMMUNION barbare de l'*épée*, et la COMMUNION mystique de la *croix ;* la loi de *sang* est effacée, les jours du *sacrifice* sont finis, l'heure de la COMMUNION D'AMOUR a sonné.

» Le MONDE n'est plus un pesant fardeau pour l'HOMME, et l'HOMME ne foule plus le *monde* à ses pieds ; ils ne sont plus ennemis, ils s'aiment, ils COMMUNIENT : car DIEU est TOUT CE QUI EST ; il n'est pas *relégué* dans le CIEL, et son règne n'est pas *seulement* sur la TERRE. Pour nous l'humanité prend POSSESSION de cette TERRE que Dieu lui *promit* par MOÏSE ; avec nous elle s'avance, fière et glorieuse, à la clarté de ce CIEL *entrevu* par JÉSUS, et que DIEU, par SAINT-SIMON, nous a DÉVOILÉ : voici l'heure de la COMMUNION UNIVERSELLE de l'HUMANITÉ et du MONDE. »

La première partie de la formule : DIEU EST TOUT CE QUI EST, *tout est en lui*, *tout est par lui*, renferme les conditions POSITIVES de notre foi.

La seconde partie : *Nul de* NOUS *n'est hors de lui*, *mais aucun de* NOUS *n'est lui*, en exprime les conditions NÉGATIVES.

La troisième partie : CHACUN *de nous vit de sa vie*, *et* TOUS *nous* COMMUNIONS *en lui*, est l'expression du LIEN RELIGIEUX qui UNIT l'*individu* à la *société*, le *moi* au *non-moi*, tout être *fini* au *milieu* qui l'environne.

Vous le voyez, plus d'infaillibilité ni d'idolâtrie, car *aucun de nous n'est* DIEU ; plus d'esclaves ni de réprouvés, car *nul de nous n'est* HORS *de* DIEU.

La partie NÉGATIVE de notre foi abandonne au PASSÉ l'*adoration* SERVILE de l'homme, et l'*exploitation* DESPOTIQUE de l'homme par l'homme. Sa partie positive met fin à cette guerre éternelle des *deux principes*; elle sanctifie toute nature : car *tout est en* DIEU *et par* LUI. Enfin la COMMUNION nouvelle rattache l'*individu* à la *société*, comme elle concilie la *personnalité* et l'*abnégation*, l'*intérêt* et le *devoir* ; *nul* ne doit être *sacrifié* à TOUS ni prétendre que TOUS *se sacrifient* pour LUI : car CHACUN *de nous vit la vie divine*, et TOUS *nous communions en* DIEU.

Une phrase du commentaire dogmatique que je viens de vous lire a donné lieu à des interprétations fâcheuses, dans le collége même; les critiques qui ont été faites à ce sujet comme l'AUTORITÉ nouvelle nous ramèneront à la LOI VIVANTE, elles nous donneront d'ailleurs l'occasion d'examiner le *dualisme* sous une nouvelle forme.

Cette phrase est celle-ci : *les jours du* SACRIFICE *sont finis*.

On en a conclu que l'*abnégation* perdait ainsi toute sa valeur ; que la vie se réduisait à un pur *égoïsme;* et surtout que le prêtre qui obéirait à cette règle morale dirigerait nécessairement le fidèle par le *plaisir* seul. Alors revenaient tous les griefs contre la SÉDUCTION, et contre le chef qui flatte les *vices* de l'inférieur, pour *capter* son dévouement *aveugle*, *fanatique*, *absolu*.

On a mal compris un sentiment qui, il faut le dire, serait insuffisamment exprimé par la phrase que je viens de rappeler, si elle était isolée, mais qui a si souvent reçu sa place véritable parmi nous, que les difficultés soulevées par cette phrase tenaient évidemment à la situation dans laquelle nous nous trouvions tous dernièrement. Personne, en effet, ne se serait fait scrupule d'enseigner, que sous l'empire de la loi païenne c'était la GLOIRE qui animait les grands hommes, tandis que sous la loi chrétienne c'était l'HUMILITÉ; nous savions tous, depuis longtemps, que le prêtre antique était un *sacrificateur* et le prêtre de Jésus une *victime;* que l'homme se *distinguait* dans l'antiquité par le nombre de ses ennemis *vaincus*, *soumis*, *enchaînés*, tandis que le chrétien *méritait* en raison des victoires qu'il remportait sur *lui-même*, et enfin qu'en ce sens on pouvait aussi bien dire : *les jours du* SACRIFICE *sont finis*, que *les jours de la* GUERRE *sont finis*. C'est ce que j'exprimais tout à l'heure encore, ainsi : NUL ne doit être *sacrifié* à TOUS, mais NUL ne doit prétendre que TOUS se *sacrifient* pour LUI. Mais, je le répète, ces objections tenaient à la situation *transitoire* dans laquelle nous nous trouvions, situation qui mettait en présence les faces extrêmes de la vie, et sous ce rapport elles renferment une vérité dont il est bon de se rendre compte.

Presque tous nos enfants du collége, et nous surtout, Rodrigues, Bazard et moi, nous avions reçu la vie Saint-Simonienne à une époque où la révélation de notre maître nous semblait ne pas pouvoir, avant plusieurs siècles, être la loi du monde; et alors pourtant nous avons marché; et alors pourtant nous avons mis à l'œuvre notre VIE PRÉSENTE tout entière, et alors pourtant nous sortions d'un monde critique dans lequel nous n'avions puisé aucun espoir de VIE FUTURE.

Notre œuvre était donc avant tout une œuvre d'ABNÉGATION et remarquez bien que c'était aussi une œuvre de *science*. Aujourd'hui nous entrons dans une voie nouvelle; il s'agit d'organiser l'*industrie*, de constituer le *culte*, d'appeler la *femme*, c'est-à-dire qu'il s'agit de donner, relativement du moins, un large développement au sentiment du *moi*, à l'*individualité*, à l'*intérêt*; en un mot, il nous faut de la GLOIRE. Mais comme le ralentissement des travaux dogmatiques, et la tiédeur des sentiments qui se rattachaient à la première phase de notre vie apostolique, sont bien loin d'être pour nous un oubli formel et absolu de la *science* et de l'*abnégation*, et que nous avons conscience du caractère *momentané* et purement *transitoire* de la phase où nous entrons, comme notre désir le plus grand est de parvenir à la loi normale de l'avenir, sous l'empire de laquelle la *science* et l'*abnégation* seront à la place que notre foi leur assigne; nous avons pu, nous, contempler avec joie, avec tranquillité surtout, cet âge de notre vie d'apôtre, dans lequel l'UNE de nos *vertus* doit être plus spécialement destinée à régénérer le monde.

Nous avons su faire notre éducation *scientifique*, en nous soumettant aux conditions d'existence qu'elle impose : notre *adolescence* Saint-Simonienne s'est pliée aux exigences de la *méditation*, nous avons su nous *retirer du monde* ; mais aujourd'hui nous sommes prêts à l'envahir : nous avons revêtu la robe VIRILE, nous voulons PRATIQUER et MONTRER ce que nous avons *appris* et *enseigné*, nous voulons nous faire VOIR, plus encore que nous faire *lire*. Notre premier pas dans la vie SOCIALE doit être une marche *fière*, *courageuse*, pleine de *verve* et d'*enthousiasme*, vers la MATURITÉ du sacerdoce futur ; nous ne sommes QUE des hommes, la femme n'est point ASSOCIÉE avec nous ; elle manque à notre AUTORITÉ, à notre LIBERTÉ, car elle manque à notre AMOUR. Eh bien! pour l'appeler, montrons-lui que notre front *glorieux* ne cherche point *humblement* une couronne d'épines.

Enfants, le monde que nous avons mission de convertir, vit tout entier dans l'*égoïsme*, il n'y a plus de *religion* sur la terre! la vie de beaucoup d'hommes et de femmes est donc faussée, car l'*égoïsme* n'est qu'une face de la vie : les êtres faits pour l'*abnégation* sont aujourd'hui brisés, tordus, bouleversés; ils sont précipités, souffrants et plaintifs, dans une voie contraire à leur origine. Ceux qui portent en eux l'ambition, la gloire; ceux qui sont d'une nature intéressée, *égoïste*, païenne, sont, au contraire, puissants de *démoralisation* et de *désordre*, et peuvent être, par nous seuls, puissants d'*ordre* et de *moralité*; par nous seuls, la force que Dieu a mise en eux, sera sanctifiée, car elle fera, par nous, le bonheur du monde.

Nous avons dit que nous appelions la femme et le prolétaire; pour nous faire entendre d'eux, il nous faut de ces voix puissantes qui remuent et entraînent, qui exaltent et emplissent l'âme; il nous faut une scène vaste, éclatante, retentissante : le drame nouveau que nous offrons au monde, n'est pas, comme celui du chrétien, un *sacrifice;* pour l'accomplir saintement, nous ne nous voilerons pas la face, nous ne nous couvrirons pas de cendres, nos genoux ne fléchiront pas. Oui, nous appelons les hommes et les femmes qui ont un besoin insatiable d'émouvoir les masses, qui ne vivent qu'au milieu d'un tonnerre d'applaudissements, qui veulent faire couler sous leur parole des torrents de larmes d'amour.

L'*Église* nouvelle se fonde, et c'est aussi un *théâtre* nouveau. Les temples chrétiens sont déserts, les salles de spectacle sont pleines de fidèles, l'acteur succède au prêtre; l'un est aussi fardé que l'autre, c'est à nous à les laver tous deux dans les eaux d'un nouveau baptême; mais l'un est puissant, l'autre est faible : c'est par l'*acteur* régénéré que le chrétien sera sauvé. L'anathème de la loi du Christ ne tombe plus qu'émoussé sur l'acteur; les foudres du Vatican glissent sur le théâtre; elles ne sauraient le réduire en poudre, car la classe la plus pauvre et la plus nombreuse y est entassée, palpitante, elle ne VIT que là.

J'ai dit l'*acteur*, mais je peux dire plus largement tous les ARTISTES : en eux sont des germes puissants de l'avenir que nous annonçons; ce sont eux d'ailleurs qui feront un jour tomber devant leur FOI brûlante toutes les critiques de la *logique* contre la LOI VIVANTE; vous parler d'eux, c'est donc rester dans le sujet qui nous occupe; je parle des ARTISTES, c'est presque parler du PRÊTRE.

Nous avons souvent dit qu'il était bon de prendre les jugements qui sont portés dans le monde contre des classes non encore associées, consacrées, sanctifiées, pour puiser, dans leur condamnation même, les éléments des motifs de leur élévation future : dans les reproches qui leur sont adressés, dans les vices dont on les accuse, se trouvent des indications de leur grandeur, de leur vertu pour l'avenir, même lorsque ces accusations sont *justement* fondées aujourd'hui; car les lois *exclusives*, sous l'empire desquelles l'humanité s'est développée jusqu'ici, ont souvent rendu criminelles des *dispositions* qui seront saintes dans l'avenir.

Ainsi nous, hommes, qui jusqu'ici avons eu le privilége de donner force de loi aux jugements que nous portions sur les femmes, et de récuser habituellement le leur sur nous, n'avons-nous pas lu partout et partout entendu dire la légèreté, les caprices, l'inconséquence, la mobilité, l'inconstance, la curiosité des femmes? Eh bien! pourquoi toutes ces accusations ne signifieraient-elles pas que la femme éprouve plus vivement que l'homme un besoin d'AVENIR qui la domine sans cesse, qui est sa vie? Sous la loi du PROGRÈS, cette disposition n'aurait certainement pas le caractère qu'elle devait avoir sous une loi d'*immobilité* ou de *rétrogradation*. Nous qui disons : l'âge *d'or est* DEVANT *nous*, nous ne devons plus tant blâmer et craindre la voix qui appelle, révèle et prophétise l'avenir, même quand cette prophétie devrait être entourée quelquefois de l'exaltation presque délirante de la sibylle.

De même nous dirons pour les ARTISTES, que ce besoin d'encens, d'applaudissements, de gloire, sera sanctifié, lorsque l'encens, l'applaudissement et la gloire seront donnés, non à ceux qui DÉMORALISENT le peuple et amusent les OISIFS, mais à ceux qui consacreront leur vie à l'amélioration MORALE, physique et intellectuelle des TRAVAILLEURS : c'est à ce titre seul que nous voulons et que nous donnons la gloire ; et nous la voulons de toute la puissance de notre âme.

Dans la nouvelle phase où nous sommes entrés, je vous le dis, celui qui *méritera* le plus, sera aussi celui qui, parmi vous tous, éprouvera le plus vivement cette sainte ardeur qui pousse à chercher les bénédictions des hommes. Sans doute le théologien métaphysicien, moraliste ou publiciste, qui se livre dans le silence de la retraite aux plus profondes méditations scientifiques, mérite la reconnaissance, le respect et l'estime des hommes; il a droit à leur amour; et il rendra UN JOUR, lorsque la famille Saint-Simonienne sera constituée dans sa forme définitive et normale, autant de services à l'humanité que l'homme qui, parlant aux CŒURS, a puissance de soulever ou d'apaiser les PASSIONS d'un peuple; mais je le répète, DANS CE MOMENT, pour notre propagation APOSTOLIQUE, nous devons appeler les hommes d'ACTION; or ce sont eux surtout qui ont soif de GLOIRE, et qui, hors de nous, la boivent jusqu'à l'ivresse; c'est à nous à transformer cette ivresse en ENTHOUSIASME, c'est-à-dire à mettre DIEU dans leurs cœurs. Alors nous nous présenterons au monde sous un aspect *glorieux*, et nous pourrons lui dire : voici des hommes et des femmes qui, sans nous, auraient été condamnés par vous à mettre, pour quelques pièces d'or, toute la poésie de leur âme au service des privilégiés de la naissance; nous les avons sauvés et de vos couronnes flétries et de vos outrageants triomphes; vous ne les applaudirez plus et vous ne les sifflerez plus selon les caprices de votre oisiveté, car ils sont la voix des *travailleurs* pacifiques; ils viennent vous sauver vous-mêmes, ils viennent vous guérir de vos craintes, de vos haines, de vos doutes, de votre égoïsme, de votre misanthropie, de votre IRRÉLIGION.

Je ne pouvais pas vous entretenir du sentiment de la *gloire* sans vous parler des ARTISTES, mais reprenons d'une manière plus directe le cours de notre enseignement.

N'oublions pas, en attachant à la phase actuelle de notre apostolat un caractère *particulier*, que la prédominance donnée *momentanément* à l'un des aspects de la vie, nécessite un rappel constant des imperfections que cette prédominance entraîne avec elle. Nous avons donc souvent à revenir sur le sentiment d'*humilité* transformée, qui est la conséquence de cette formule de notre dogme : *Aucun de nous n'est Dieu.*

La place que ce sentiment occupait dans la foi chrétienne, devait être nécessairement, à la longue, destructive de toute association entre les hommes, et pourtant on peut dire que c'est en lui que le chrétien a puisé le germe de la *liberté* humaine. Avant Jésus l'homme ignorait la liberté, et pour la lui donner, par réaction contre le despotisme, JÉSUS révéla aux esclaves l'*indépendance*. Il DÉLIA l'homme du milieu qui l'environnait, il SÉPARA le *moi* du *non-moi*, le chrétien du monde ; il le rendit INSENSIBLE à ses outrages, à ses chaînes, à sa misère ;

il lui apprit à le *mépriser* autant qu'à s'*humilier* devant Dieu.

Nous qui donnons à l'*humilité* un rang nouveau, une sainteté nouvelle; nous qui pourrons l'UNIR à la *gloire*, puisque notre gloire est pacifique, nous trouverons aussi en elle une des sources de notre moralité; elle nous défendra, comme le chrétien, de l'orgueil; mais elle nous laissera ambitionner la *gloire*; par elle nous éprouverons du bonheur à saluer la puissance, et nous nous inclinerons sans honte devant la vertu; mais elle ne nous ordonnerait pas de rougir si l'hommage nous était adressé.

A ces deux grands noms, *humilité* et *gloire*, répondent les deux sentiments qui se rattachent au sujet qui nous occupe, à la LOI VIVANTE, celui de l'*obéissance* et de l'*autorité*. La LOI VIVANTE n'aura toute sa valeur pratique qu'au moment où nous pourrons faire marcher de front l'*humilité* et la *gloire*; qu'au moment où chacun de nous sentira que sa dignité, sa liberté, consistent aussi bien dans la *soumission* que dans le *pouvoir*, dans l'amour de celui qui l'élève que dans l'amour pour celui dont il est le guide; alors seulement notre vie sera RELIGIEUSE; car nous la RATTACHERONS avec un égal bonheur à ceux qui nous l'auront transmise et à ceux à qui nous la donnerons sans cesse.

Chacun de nous éprouvera l'amour nouveau du PÈRE, l'amour nouveau du FILS ; et la LOI VIVANTE ne sera plus un sujet de discussion et d'argumentation ; on la voudra comme on veut une mère, parce qu'elle aime, et qu'elle est aimée, parce qu'elle donne la vie.

Certes l'affection qui nous unit entre nous est grande, et pourtant nous pratiquons depuis si peu de temps notre loi de vie et d'amour, que la famille du sang, dont les liens sont seuls restés sacrés en dehors de nous tandis que ceux de la famille politique et religieuse se brisaient, que la famille du sang, dis-je, vous offre encore des exemples de tendresse sur lesquels vous pouvez modeler votre vie apostolique ; nous ne nous aimons pas assez.

J'ai écrit dans *le Globe*, en m'adressant aux hommes qui redoutent de donner leur obéissance à des chefs qui les aiment : « Croyez-en ceux qui, dans un monde de doute et d'égoïsme, ont eu assez de foi et d'amour pour s'entourer de disciples dont le dévouement ferait pâlir les plus vives affections filiales que vous puissiez connaître. » Je l'ai dit parce que cela est, mais cela n'est pas pour vous tous ; et chez ceux d'entre vous qui m'aiment le plus, le sentiment qu'ils éprouvent pour moi, pour leur père, est bien loin d'être ce qu'il sera un jour, parce qu'ils ne se sentent pas soutenus, comme ils le seront, par l'amour de leurs fils. Ils sont, à cet égard, dans la position de l'homme qui n'ayant pas encore goûté les joies de la paternité, aime son père, mais d'une manière incomplète, parce qu'il ne sent pas tout ce qu'il y a d'amour dans le cœur d'un père.

On a assimilé le crime de LÈSE-MAJESTÉ au SACRILÉGE et au PARRICIDE, cela est juste. Lorsque nous sentirons comment se donne et se reçoit à chaque instant la vie ; lorsque l'*obéissance* et l'*autorité* seront en vous, et se manifesteront par vous à vos *supérieurs* et à vos *inférieurs* sous la forme Saint-Simonienne, il y aura UN couple qui réunira en lui ces deux sentiments, qui les confondra en un seul sentiment indéfinissable, qu'un seul couple peut éprouver. Ce sentiment, je vous ai préparé à en sentir la grandeur future, par ma lettre sur le CALME ; mais là, un seul être, un *homme* l'éprouvait, sans pouvoir le partager avec une femme ; plusieurs d'entre vous ont donc pu en être frappés, étonnés, mais non pas émus ; cela devait être, car la parole de votre père était incomplète, elle manquait d'harmonie.

La vie de ce couple sera une mystérieuse exception, semblable à celles que Dieu présente en toutes choses à l'amour *fini* des hommes ; l'*origine* et la *fin* sont partout enveloppées pour nous de nuages que notre vue bornée ne saurait percer ; et devant ce mystère que l'infini nous rappelle sans cesse, notre FOI sait trouver des NOMS prodigieux qui brûlent, qui consument, ou qui exaltent et embellissent la vie. Le couple suprême sera senti par tous comme la première condition d'être de chacun ; son amour sera le phénomène *initial* de l'association humaine, comme SAINT-SIMON est pour chacun de nous l'initiateur, le générateur, le révélateur qui nous a fait ce que nous sommes ; car, avant toutes choses, il y a en nous quelque chose de SAINT-SIMON. Alors on sentira, soit d'une manière *mystique*, soit d'une manière *palpable*, pendant l'*absence* ou par la *présence*, le LIEN d'amour qui UNIRA toutes les existences, et qui RATTACHERA, par les nœuds d'une HIÉRARCHIE sacrée, tous les êtres entre eux, et avec le COUPLE SUPRÊME en qui Dieu aura mis la puissance de gouverner le monde ; et lorsqu'une main impie tentera de rompre le LIEN auquel toutes les existences sont attachées, lorsqu'un des enfants de la grande famille déchirera le sein de sa mère ou brisera le cœur de son père, le deuil et l'effroi se répandront sur toute la terre, et un chœur immense s'écriera : SACRILÉGE ! PARRICIDE !

Chers enfants, n'affligez point celui qui vous donne à chaque instant sa vie; songez à lui, venez à lui lorsque vous doutez de la moralité de votre pensée et de vos actes; son souvenir ou sa présence vous donneront le calme en vous révélant votre destinée; ayez confiance en lui, s'il se trompe sur votre avenir, c'est à lui, c'est près de lui, et c'est par lui que vous trouverez ce que sa prévoyance *imparfaite* n'aura pas pu *d'abord* découvrir : il est la LOI VIVANTE que Dieu vous a donnée pour vous conduire; il vous inspire, et il s'inspire en vous de tous les progrès que l'humanité doit accomplir. Ne sentez-vous pas que son amour pour vous est une condition puissante de sa MORALITÉ; eh bien! l'amour que vous aurez pour lui sera une garantie puissante de la vôtre.

Mais cette base VIVANTE de la moralité, n'est pas la seule que Dieu ait donnée aux hommes : elle ne leur suffirait pas. L'homme reçoit du milieu qui l'entoure, l'inspiration de l'acte qu'il doit accomplir; et si l'humanité trouve EN ELLE des conditions de sa foi religieuse, elle en trouve aussi dans CE QUI N'EST PAS ELLE; le monde entier lui parle d'ordre et la pénètre d'harmonie; la terre l'appelle au progrès, et les astres et le ciel tout entier l'y convient.

Cette foi est encore bien faible aujourd'hui dans nos cœurs, les esprits forts la traiteront de superstition vaine; tout a été DÉLIÉ depuis trois siècles, les hommes eux-mêmes ne se sentent plus UNIS entre eux, ils ISOLENT, ils SÉPARENT leurs destinées les uns des autres; comment concevraient-ils un LIEN entre leur existence et les destinées du monde? Et toutefois leur philosophie mécanique a souvent dit dans ses formules algébriques que l'*homme était le produit des circonstances qui l'entourent* : elle a dit une *demi*-vérité, et voilà pourquoi nous sentons la *beauté*, l'*utilité* et toute la *sainteté* du CULTE : voilà pourquoi nous appelons les ARTISTES à nous. Au nom de Saint-Simon, ils ont à peine écrit et parlé, ils n'ont point encore chanté, gravé, bâti; ils ne nous ont point entourés de sons, de formes, de couleurs; le *symbole* nous manque.

Notre apostolat n'est pas encore soutenu et inspiré par les créations des arts; les formes mesquines et souffrantes que nous offre aujourd'hui la société malade sont même les seuls moyens qui nous sont donnés pour réchauffer et réveiller les hommes par qui seront conçues et réalisées les formes inspiratrices de l'avenir : tout est à créer de nouveau, car tout est en ruines; le monde chrétien est muet, et l'athéisme crie de toutes parts. Et cependant un jour la loi morale nouvelle, la loi de progrès et d'amour, la loi d'association universelle, sera empreinte en caractères ineffaçables dans les cœurs ; elle y aura pénétré par tous les sens ; l'ARTISTE l'y aura gravée si profondément, que, dans la solitude même, le *souvenir* sera aussi puissant que la *réalité* ; car ce ne sera pas seulement dans les lieux habités et embellis par l'homme, ce ne sera pas seulement dans les temples et dans les cités que l'homme saura lire la loi morale formulée par de puissants symboles ; le monde entier, divin hiéroglyphe, dont SAINT-SIMON a donné la clef à l'humanité, présentera dans chacun de ses *signes* un rappel constant à la VOLONTÉ DE DIEU : car Dieu parle HORS DE NOUS comme il parle EN NOUS, et nous *touchons* et nous *voyons* sa VOLONTÉ dans la nature.

Toutes choses sont LIÉES, HARMONISÉES, HIÉRARCHISÉES dans l'univers ; toutes choses ont un *sens* et une *utilité* pour l'homme, et l'homme impose son *esprit* et sa *forme* à toutes choses ; cette COMMUNION de l'humanité et du monde, c'est pour chacun le mystère de sa vie, la raison suprême de sa moralité, le fondement de sa foi ; c'est l'amour universel qui enfante et détruit, qui conserve et qui change, dans le temps et dans l'espace, pour l'éternité et dans l'immensité, c'est DIEU. L'homme isolé des autres hommes n'a plus l'indispensable besoin d'un scapulaire ou d'une hostie, du signe de la croix ou du son d'une cloche, pour sentir et comprendre la PRÉSENCE RÉELLE de Dieu; il entend son *verbe* et touche sa *chair* en tout temps, en tous lieux; sans cesse il COMMUNIE, non plus sous les *deux espèces* mystiques qui servirent à l'*enseignement* du genre humain, mais dans la réalité VIVANTE où il *puise*, et sur laquelle il *répand* la part d'amour, la grâce divine qui est sa VIE.

Ce n'est pas seulement parce que l'homme appartient à une société d'*hommes*, à une hiérarchie spéciale et *finie*, c'est aussi parce qu'il est membre de la cité UNIVERSELLE, de l'INFINIE hiérarchie des mondes, qu'il est RELIGIEUX, MORAL, PROGRESSIF, AIMANT, qu'il VIT. Et si, parmi les hommes, le chef suprême est la LOI VIVANTE pour tous, c'est parce qu'il est le LIEN, l'ANNEAU par lequel l'humanité tout entière est le plus puissamment RATTACHÉE à la terre, aux astres, au ciel, à TOUT CE QUI EST, à DIEU. Lorsque ce sentiment aura pénétré les cœurs, lorsque l'on comprendra que c'est lui qui inspire au CHEF SUPRÊME la puissance d'association et de progrès que Saint-Simon est venu révéler à ceux qui veulent gouverner les hommes, alors on ne discutera plus sur l'AUTORITÉ et la LIBERTÉ, on sentira et l'on bénira la LOI VIVANTE.

CINQUIÈME ENSEIGNEMENT

(7 DÉCEMBRE 1831)

MORALE

Dans nos premières réunions, j'ai posé les bases sur lesquelles je vais appuyer toutes les idées déjà émises sur la MORALE de l'avenir, idées qu'il me tarde de vous développer parce qu'elles ne sont pas encore arrivées à vous d'une manière régulière et complète. Je vous ai ramenés, sous plusieurs formes, au dualisme Saint-Simonien, en vous faisant sentir le lien qui existe entre tous nos travaux *dogmatiques* jusqu'à ce jour, et en insistant sur le caractère particulier de notre apostolat, c'est-à-dire sur la réhabilitation de la CHAIR, par la constitution du CULTE, l'organisation de l'INDUSTRIE, et l'appel des FEMMES.

Avant d'aborder ici les questions qui ont plus particulièrement agité le collége, et qui ont servi de prétexte ou de motif véritable à plusieurs dissidences, j'aurai encore besoin d'appeler votre attention et vos souvenirs sur ce que nous avons dit des ARTISTES et de l'art. Et en effet, puisque nous allons parler des PASSIONS humaines, il est bien de nous rappeler ce que nous avons dit sur ceux qui les éprouvent d'une manière puissante, et qui les expriment sous des formes qui pénètrent les cœurs, je veux dire les ARTISTES, parce qu'en eux elles se manifestent par des nuances plus tranchées, plus *abstraites*, plus faciles à *étudier*, à *observer* que dans le PRÊTRE qui doit les HARMONISER toutes.

Nos travaux sur l'art ont eu jusqu'ici un caractère plus particulièrement *dogmatique*, un caractère d'*esthétique ;* ils ont été bien plutôt les produits d'une *science nouvelle* que les créations d'un SENTIMENT *nouveau*, revêtues de formes *nouvelles*. L'analyse que nous avons faite du développement de l'humanité nous a permis d'envisager l'emploi successif de différentes formes de l'art, selon le progrès de la civilisation dans la série historique. L'art PAÏEN et l'art CHRÉTIEN, la poésie du CULTE et celle du DOGME, voici les termes fréquemment employés par nous pour constater la différence qui existe entre les deux formes capitales de l'ART, correspondantes au dualisme primitif, MATIÈRE et ESPRIT, INDUSTRIE et SCIENCE.

Nous savons que l'avenir réserve une gloire et une puissance égales à l'une et à l'autre de ces deux formes de l'art, tandis que le passé n'a pas eu conscience de leur association progressive, du LIEN qui devait les unir, et les faire concourir également à l'œuvre commune. Nous savons aussi que certaines croyances religieuses ont développé ou négligé plus ou moins l'une ou l'aûtre de ces formes; mais nous savons encore que si nous envisageons le progrès humain dans son ensemble, dans l'orient et dans l'occident, au nord et au midi, nous verrons l'humanité tout entière, grandissant sous ces deux aspects, accroître sa *puissance* sur le monde et ses *richesses*, *embellir* le globe et s'*embellir* elle-même, perfectionner son INDUSTRIE, et aussi étendre le champ de son *intelligence*, puiser chaque jour de nouvelles forces dans son *expérience* et, dans sa *prévoyance*, perfectionner sa SCIENCE.

Or, s'il nous a été facile d'analyser l'ART, et de découvrir dans ses productions des *caractères* différents, bien tranchés; si nous avons pu signaler dans le PRÊTRE la puissance d'harmoniser, d'unir ces caractères; si nous avons pu, sur notre dogme, élever, pour ainsi dire, un nouveau Parnasse, et y grouper les muses dans un ordre nouveau, nous avons dû comprendre que les artistes eux-mêmes avaient des CARACTÈRES différents, et que leurs *vertus* et leurs *vices* étaient dissemblables, selon la forme de l'art qui était leur vie, leur poésie, leur âme.

L'ART le plus grand n'est plus pour nous d'HARMONISER des *idées* ou des *choses*, des *sons* ou des *formes*, mais de RELIER des HOMMES : il nous importe donc de connaître les caractères, les sentiments, les passions, afin de distinguer ou d'unir, de séparer ou de rapprocher les hommes, selon leur nature propre, afin de les NOMMER selon leur AMOUR, de les *classer* selon leur *vocation*, de les *rétribuer* selon leurs *œuvres*.

Si l'ART a trois formes, ainsi que nous l'avons bien souvent enseigné, n'est-ce pas dire que, dans la nature humaine, trois *caractères* différents se manifestent, qui correspondent à l'exaltation spéciale de l'*esprit* ou des *sens*, et à l'AMOUR qui harmonise la *pensée* et l'*acte*, l'*idée* et la *forme*. Non-seulement cette différence de caractères doit exister dans les individus qui *produisent* l'art, mais aussi dans ceux qui le *consomment* ; je me sers exprès de ces termes économiques, pour avoir l'occasion de dire que j'ai parfaitement en vue la société des TRAVAILLEURS, et que si je m'occupe du sort du CONSOMMATEUR aussi bien que de celui du PRODUCTEUR, je ne songe nullement à celui des OISIFS qui prétendraient consommer sans avoir produit ou sans produire.

Il y a des individus qui produisent et consomment par l'*esprit*, d'autres par les *sens*, et d'autres encore qui vivent d'une vie d'AMOUR, entre les premiers et les seconds, les unissant, les RELIANT, et qui par conséquent éprouvent les sympathies des uns et des autres, avec la différence qu'elles sont HARMONISÉES en eux au lieu d'être spécialisées, isolées, *abstraites*, exclusives même. Le *caractère* de ces derniers vous est surtout connu, c'est celui du PRÊTRE, et ce que vous savez de la LOI VIVANTE vous permet d'apprécier la moralité vraiment RELIGIEUSE qui anime l'homme dont la vie entière est consacrée à faciliter l'UNION des hommes de la *chair* avec ceux de l'*esprit*, l'ASSOCIATION de l'*industrie* et de la *science*, l'HARMONIE des *praticiens* et des *théoriciens*, la COMBINAISON du *dogme* et du *culte*, le PROGRÈS simultané de l'*intelligence* et de l'*activité* humaines.

Je me complais à faire repasser sans cesse sous vos yeux ces *dualismes*, avec le LIEN qui constitue cette RELIGIEUSE TRINITÉ que SAINT-SIMON nous a révélée, parce qu'il n'y a pas pour nous d'autres sources où nous devions puiser notre AMOUR, notre *science* et notre *puissance*.

Déjà dans nos travaux sur l'ART nous avions poussé plus loin nos divisions ternaires; ainsi nous avions décomposé l'art du *dogme* et l'art du *culte* en trois branches. Je rappelle ces divisions pour vous répéter ce que nous avons dit alors et chaque fois que nous décomposons, que nous analysons la vie; savoir : que nos divisions n'ont rien d'*absolu*, qu'elles indiquent seulement des *prédominances*, et même que toute abstraction poussée à l'extrême, conduit à la monomanie ou au délire, à l'absurde ou au vice, car la mission du prêtre consiste en partie à EMPÊCHER les *spécialités* trop prononcées de s'*abstraire* et de se prononcer encore plus, comme elle consiste d'ailleurs à leur garantir une SATISFACTION de leurs goûts, appropriée aux exigences de temps et de lieu, aux besoins de la société dans laquelle ces *spécialités* se manifestent.

Toutes ces nuances diverses dans l'ART correspondent, ai-je dit, à des nuances dans les CARACTÈRES des individus qui s'en occupent; ils AIMENT, ils *pensent*, ils *agissent* différemment, et leurs œuvres font foi de cette diversité; ils s'attachent à des ÊTRES, à des *idées*, à des *formes* qui reflètent leur propre vie ou dont ils sont eux-mêmes les miroirs fidèles; de telle sorte que, sans l'influence du PRÊTRE, cette différence qui, pour lui, est HARMONIQUE, SOCIALE, RELIGIEUSE, deviendrait *discordante*, *désordonnée*, *irréligieuse*, parce qu'il pose à *chacun* la limite qui convient au bonheur de *tous*, parce qu'il trace le cercle où l'*individualité* peut se manifester, d'une manière *légitime*, parce qu'il lui est donné de sentir, à un degré supérieur, les exigences de l'ORDRE et celles de la LIBERTÉ.

Il faut une vie très-puissante pour UNIR deux individus de CARACTÈRES différents. Il faut une vie puissante pour les sentir et les comprendre, et pour les déterminer, par l'affection qu'on éprouve pour eux et qu'on leur témoigne, à se rapprocher, à s'ASSOCIER; car ce n'est pas tant par l'amour qui existe entre eux qu'on provoque une pareille union, que par l'amour *commun* que leur inspire pour lui l'homme qui, les aimant l'un et l'autre, les rapproche l'un de l'autre, parce qu'il les rapproche d'*abord* tous deux de lui. Tous, vous avez dû éprouver cette difficulté, non-seulement dans votre vie apostolique, mais dans le monde, mais dans vos familles; car aujourd'hui qu'il n'existe plus d'Église, il faut bien que chacun soit quelque peu prêtre; heureux ceux d'entre vous qui ont souvent réussi dans ce pénible et cependant bien doux sacerdoce! heureux ceux qui ont concilié, soit en rapprochant, soit aussi en *éloignant*, des êtres qui ne se méconnaissaient que parce qu'ils n'étaient pas, l'un par rapport à l'autre, dans une relation conforme à leurs caractères, trop *rapprochant* ou trop éloignés l'un de l'autre pour s'apprécier à leur véritable valeur!

Telle est la vie du prêtre; car c'est lui qui classe chacun selon sa vocation et qui lui assigne le milieu favorable à son progrès; c'est lui qui lie et qui délie, parce qu'il sent ce que chacun repousse et ce que chacun attire. Le PRÊTRE, par la puissance d'attraction qu'il exerce, groupe autour de lui, dans la sphère que son amour embrasse, des individualités qui se *cherchent* ou *s'évitent* entre elles, et qui, sans lui, se *confondraient* jusqu'à l'IDOLATRIE la plus grossière ou se *fuiraient* jusqu'à la HAINE la plus sauvage; car s'il en est parmi elles, qui doivent être *étroitement* unies, il en est aussi qu'il tient, les unes par rapport aux autres, aux deux *extrémités* opposées des diamètres de cette sphère dont il est le centre, et qui, véritables *antipodes* du monde moral, ne peuvent se transmettre et échanger tout ce qu'elles ont d'amour social que par l'intermédiaire du PRÊTRE.

Lorsque j'ai posé les termes du *dualisme* MORAL, j'ai dû nécessairement avoir en vue ces deux *extrêmes*, ces deux *pôles* de la vie humaine, et de même qu'en politique nous signalons sans cesse, autour de nous, les hommes du *mouvement* et les *rétrogrades*, j'ai parlé de *mobilité* et d'*immobilité* dans le monde moral. J'aurais dû dire peut-être *mobilité* et *constance* ou mieux encore *mobilité* et *entêtement* pour que ces deux termes fussent également RÉPROBATIFS; et toutefois j'aurais mieux aimé désigner ces deux faces de la vie par deux termes APPROBATIFS, car l'une et l'autre est sainte ou doit le devenir; mais la faute de ma parole ne vient pas de moi, elle tient à l'influence encore vivante du christianisme qui nous gêne chaque fois que nous cherchons à réhabiliter ce qu'il a méprisé, à *sanctifier* ce qu'il a *réprouvé*. Ainsi nous avons été obligés de prendre une foule de précautions oratoires, et de circonlocutions embarrassées, et même de nous servir de termes qui sortaient avec peine de notre propre bouche, lorsque nous avons annoncé une religion qui donnait à l'*égoïsme* une place aussi belle qu'à l'*abnégation*; de même aujourd'hui, le monde est encore tellement pénétré des traditions de la morale chrétienne, que les affections *profondes*, *durables*, les caractères *posés*, *réfléchis*, *méditatifs*, *raisonnables*, et les vertus telles que la *modestie*, la *réserve*, l'*abstinence* même, voire la *continence*, jouissent, sinon de FAIT au moins de DROIT, du privilége de prendre le pas sur les passions *vives* et *ardentes*, sur les caractères *énergiques*, *bouillants*, *enthousiastes*, *exaltés*, sur l'*assurance*, la *confiance* en *soi*, l'*ambition*, la *gloire*, enfin sur l'amour du *luxe*, des *plaisirs*, de l'*éclat*, du *brillant*, de la *beauté* et de toutes les *joies* que l'Église nommait profanes.

L'*immobilité* et l'*inconstance* sont deux VICES sans doute, et toutefois le désir de *changer* et celui de *conserver* sont deux VERTUS indispensables au PROGRÈS. L'homme du PROGRÈS est celui qui sent le mieux ce que *doivent* faire et ce que *peuvent* faire le *conservateur* et le *novateur*. Et il est bon de vous rappeler ici que ces deux noms sont ceux que SAINT-SIMON a plusieurs fois donnés aux personnages qu'il fait figurer dans ses enseignements *politiques* et *religieux*; je voudrais, à l'exemple de notre maître, les introduire dans l'enseignement que je vous donne sur la MORALE.

L'homme du PROGRÈS, nous l'avons déjà remarqué, jusqu'ici esclave, puisque toutes les sociétés ont été constituées pour l'*immobilité* ou la *rétrogradation*; il n'a donc jamais pu se trouver dans la position que l'avenir lui réserve; il n'a jamais pu donner la main à l'homme de l'*avenir* et à l'homme du *passé*, à celui qui veut *changer* et à celui qui veut *conserver*; il n'a pas pu leur donner la main, et dans la lutte qui a existé entre eux, il a été jusqu'ici comprimé, froissé, méconnu et méprisé.

..... Je cherche en ce moment les formes sous lesquelles je dois directement vous présenter mes idées sur l'avenir MORAL, car dans tout ce que je viens de vous exposer, je n'ai fait, pour ainsi dire, que préluder à cet enseignement, et nous préparer moi à donner et vous à recevoir des idées qui vous ont été jetées un peu au hasard, dans la confusion où nos événements intérieurs nous ont placés depuis peu. Vous avez déjà entendu presque tout ce que je vais vous dire; mais vous ne l'avez reçu que par fragments détachés, par des conversations avec moi, ou avec mes fils du collége, ou bien même avec des dissidents; vous n'avez pas eu d'enseignement dogmatique complet. Je vais donc remanier ces premiers éléments qui vous sont acquis, en les prenant dans l'ordre où ils se sont présentés à moi, afin que vous puissiez, en même temps que ces idées se dérouleront devant vous, vous rendre compte du mouvement qu'elles ont imprimé à notre famille, et de la situation où elles nous placent aujourd'hui.

J'ai senti que, parmi toutes les femmes, celles qui devaient le plus vivement accueillir la révélation nouvelle, étaient celles sur lesquelles pèsent le plus cruellement les anathèmes chrétiens, et qui par conséquent sont le plus exposées à tous les désordres qui résultent, d'une part de l'impuissance actuelle du christianisme, de l'autre de la réaction critique, qui depuis un siècle s'est manifestée contre l'Église de Jésus ; car cette lutte *anarchique* n'a pu s'accomplir qu'avec des armes qui n'avaient pas été sanctifiées par l'Église, et qui avaient même été sévèrement réprouvées par elle ; et alors combien de larmes et de douleurs, combien de vices et de crimes ont signalé cette guerre du *profane* contre le *sacré*, de l'*État* contre l'*Église*, de l'*enfer* des chrétiens contre leur *paradis*, de leur *diable* contre leur *dieu*, de la *chair* contre l'*esprit*, et ajoutons même de la *femme* contre l'*homme !*

Au milieu de ces combats, la *femme* dans l'ordre moral, et l'*industrie* dans l'ordre politique ont fait les mêmes efforts d'affranchissement ; les mêmes instruments, l'or et la ruse, leur ont servi à briser leurs chaînes. Toutes deux se sont révoltées sourdement contre un ordre social où elles étaient traitées en mineures ; toutes deux ont voulu l'égalité avec leurs anciens maîtres ; l'INDUSTRIE a détrôné le clergé, après l'avoir acheté et corrompu par ses *richesses*, lui qui prêchait la *pauvreté* ; et l'homme a été aussi détrôné par la *femme*, depuis le jour où il a consenti à se vendre à elle pour une *dot*, lui qui jusqu'alors l'avait toujours achetée et vendue.

J'aime à faire ce rapprochement, afin de vous rappeler sans cesse que notre œuvre apostolique consiste principalement dans L'APPEL DE LA FEMME et dans la RÉHABILITATION DE LA CHAIR, par l'organisation politique de l'INDUSTRIE et la création d'un CULTE nouveau.

Mais la révolte, la ruse et la toute-puissance de l'or ont eu un double résultat. Si par ces moyens l'Église a été renversée, les liens qu'elle formait dans l'ordre moral ont été brisés et foulés aux pieds ; la femme et la chair se sont *affranchies*, mais elles ne sont point *associées*, la femme à l'homme, et la chair à l'esprit : d'une part, l'*industrie* est sans *prévoyance*, sans *règle*, sans *ordre* ; les *industriels* font peu de cas des *savants*, et en général les *praticiens* estiment peu les *théoriciens*, ils les rétribuent comme ils étaient eux-mêmes salariés jadis dans leur servage par les *clercs*, mesquinement et comme des *serviteurs*. La concurrence écrase les travailleurs; aucune position n'est stable, chaque producteur voit dans son voisin un RIVAL qui lui enlève sa clientèle; les habitudes, les goûts, les modes *changent* avec une rapidité destructive; la *qualité* n'est plus rien, la *quantité* est tout; le *mouvement* triomphe, les *stationnaires* sont écrasés sans pitié; enfin l'industrie est *libérale*, *révolutionnaire*, *républicaine*, gloire à elle! ses *maîtres* sont vaincus, et leurs priviléges détruits; mais le temps presse : hâtons-nous de porter notre parole de paix et d'association dans ce monde de faillites et d'émeutes, de jeu et de fraude, de misère et de débauche, de suicides et de meurtres.

D'une autre part, la femme n'est plus l'esclave de l'homme, et si, selon la LOI, elle est *mineure* [1], selon les MŒURS elle est loin de l'être; et il n'est pas difficile de voir que, depuis deux siècles, c'est sur le MARIAGE que roule toute la critique de la loi morale chrétienne; depuis Molière jusqu'à nous, c'est avec l'*adultère* que la poésie et les arts sont

1. Pour continuer le parallèle de l'affranchissement de l'industrie avec celui de la femme, il est bon de rappeler ici que le Code de *Commerce* est beaucoup plus libéral que le Code civil envers les femmes.

entrés dans nos cœurs; en lui est le secret des émotions nobles, bourgeoises et populaires; il est le nœud de la tragédie, de la comédie, du vaudeville, du roman, de l'histoire, et même de toutes les œuvres du moraliste; si bien qu'une clameur universelle a fait retentir aux oreilles de l'un des vicaires du Christ un mot prononcé par la voix la plus puissante des temps modernes, par Napoléon, le DIVORCE! mot terrible pour l'Église qui, se souvenant encore de l'avoir entendu proférer par Henri VIII, le redoutait presque autant que le cri poussé par Luther contre le CÉLIBAT des prêtres.

Mais ce n'est pas tout; en parlant du *divorce* et de l'*adultère*, je n'ai pas dit la vie tout entière de la femme, sa vie saillante, sa vie de douleurs, de lutte, sa vie d'affranchissement, d'indépendance, sa vie de révolte contre le cloître et d'insurrection contre MARIE : Voltaire a osé salir, à la face du monde, la vierge de France; eh bien! moi j'oserai dire au monde, que je viens laver la fille de la classe la plus pauvre et la plus nombreuse, la fille du peuple, des souillures de la PROSTITUTION!

Nous ne venons pas, comme Jésus, chasser les marchands du temple; l'INDUSTRIE est sainte. Nous ne venons pas, comme saint Paul, dire à la FEMME de se *voiler* et de se *taire* dans le temple; son *verbe* et sa *chair* sont agréables à Dieu : et si nous attendons d'elle, comme l'Église, la *modestie*, la *réserve*, la *pudeur*, *la délicatesse*, la *convenance*, la *constance*, la *durée*, la *méditation*, la *réflexion*, la *contemplation* jusqu'à l'EXTASE, nous savons aussi que Dieu a mis en elle l'amour du *luxe*, de l'*éclat*, du *brillant*, de la *parure*, des désirs d'*ambition* et de *gloire*, les joies du *bal*, du *concert*, des *fêtes* et de leur *pompeux* spectacle, et les rêves d'une *exaltation* et d'un *enthousiasme* qui vont jusqu'au DÉLIRE.

Je parlerai donc surtout des femmes, et pour les femmes qui ont quitté le temple pour aller au théâtre, qui ont déserté le confessionnal et la sainte table pour l'éblouissante communion du bal ; de celles qui lisent *Clarisse*, la *Nouvelle Héloïse* ou *Corinne*, et n'ont jamais ouvert un Évangile, un missel ou des Heures ; qui ne se voilent pas comme les VIERGES de Raphaël, et qui étudient plutôt les grâces de VÉNUS au Musée ; qui sont fières de leur beauté, et ne comprennent point les filles de MARIE venant déposer la leur aux pieds du mystique époux. Toutes ces femmes n'ont jamais pu trouver dans la loi chrétienne la justification de l'amour que Dieu leur avait donné ; toutes, au moment où la lutte s'est engagée contre le christianisme, ont donc protesté contre l'Église, dans l'intérieur du foyer domestique, comme Luther avait protesté dans l'enceinte même de l'Église.

En présence de ces femmes, ému par leurs douleurs et par les désordres que leur révolte enfante, frappé de la puissance prodigieuse qui est étouffée et torturée de mille manières dans ces êtres réprouvés par l'Église, anges rebelles qu'elle a en vain foudroyés depuis dix-huit siècles, filles de Satan qu'elle a crucifiées dans leur *esprit*, ne pouvant les crucifier dans leur *chair*, démons qu'elle a méprisés, avilis, damnés, j'ai glorifié DIEU, SAINT-SIMON et MOI-MÊME : Dieu, de m'avoir révélé dans ces femmes sa volonté éternelle de PROGRÈS, qu'il a gravée sur toutes les misères du peuple; SAINT-SIMON, de m'avoir pénétré du sentiment qui nous ordonne d'améliorer le sort de la classe la plus pauvre et la plus nombreuse, et MOI, votre père, d'avoir assez de foi et de courage pour me placer en face du monde et de vous-mêmes, et appeler dans le temple nouveau tous les hommes et toutes les femmes que l'Église chrétienne a précipités dans son enfer, parce qu'elle n'était point assez vaste et assez belle pour les contenir, parce qu'elle était trop triste, trop sombre, trop monotone pour les y attirer.

Mais quel est donc cet avenir qui donnera *satisfaction*, *justification*, SANCTIFICATION, à ces éternels GENTILS que Rome n'a pas pu convertir et qui ont mieux aimé se courber sous le cimeterre de Mahomet que de s'agenouiller devant la croix où la chair fut martyrisée? Quel est ce temple resplendissant de richesses et retentissant d'allégresse, où seront religieusement attirés les cœurs ardents, passionnés, enthousiastes, que les prêtres chrétiens renvoyaient avec mépris et colère à Satan, pour les punir de n'avoir pas renoncé à ses pompes? Quel est le sacerdoce aimant qui comprendra ce que Jésus et ses ministres, malgré tout leur amour, n'ont pas dû ou n'ont pas pu comprendre?

Un HOMME (cet homme est SEUL) vous parle et parle au monde des rapports nouveaux de l'HOMME et de la FEMME. Un homme SEUL aussi, Moïse, a pu dire la LOI de l'homme et de la femme, *Adam* et *Ève*, parce que la femme était alors *esclave*. Des hommes SEULS encore, les évangélistes, PAUL et tous les Pères de l'Église, ont pu dire la LOI de l'homme et de la femme, *Jésus* et *Marie*, parce que la femme était encore *mineure;* mais par SAINT-SIMON, la femme sera un jour L'ÉGALE de l'homme, et pourtant c'est encore un homme SEUL qui va parler de L'HOMME et de LA FEMME; sa parole n'est donc point un ORDRE, une LOI, un COMMANDEMENT, c'est un APPEL.

C'est un APPEL à l'AFFRANCHISSEMENT, à la *liberté*, à la *vérité*, fait à la femme, pour qu'elle vienne s'ASSOCIER à nous en toute *vérité*, en toute *liberté*.

Ma parole n'est point un COMMANDEMENT, je le répète, je vous ai dit ce qui me l'avait inspirée, mais je veux encore une fois vous rappeler quel est son *but*.

Nous devons faire cesser, dans les relations de l'homme et de la femme, la *violence* et le *mensonge*, chez l'homme la violence, chez la femme le mensonge; c'est dire que ma parole d'*homme*, inévitablement, sera *rude* encore, *brutale* peut-être, que sais-je? *grossière!* Dieu l'a voulu ainsi; je suis SEUL. C'est dire également que la parole des femmes sera embarrassée, voilée, obscure, et même..... pourquoi m'arrêterais-je? ne viens-je pas de dire que j'étais SEUL? leur parole sera d'abord dissimulée, fausse, mensongère; elles ont été si longtemps esclaves!

Eh bien! je veux qu'à la *rudesse* de ma parole, à la sainte *brutalité* de mon appel, la femme impose le cachet de sa PUDEUR et la DÉLICATESSE de son âme; je veux qu'elle ne puisse pas m'accuser d'avoir tenté de m'arroger le pouvoir que j'aime en elle ; car j'entends qu'elle jette le voile mystérieux de sa GRACE, là où j'aurai prodigué la lumière de mon éclatante VÉRITÉ.

Dans la réunion solennelle de notre famille, où, pour la première fois, je vous ai parlé des rapports de l'homme et de la femme dans l'avenir, j'ai commencé par diviser le monde moral en deux parts, ainsi que nous l'avions fait en *politique* et en *philosophie*, je vous ai montré ces deux CARACTÈRES bien distincts, dont j'ai signalé les écarts par les noms de DON JUAN et d'OTHELLO : aujourd'hui encore je vous les ai rappelés en les désignant par deux mots fréquemment employés par notre maître : NOVATEUR et CONSERVATEUR : et chaque fois je vous ai indiqué la mission du PRÊTRE comme ayant pour but de relier ces deux CARACTÈRES distincts, en donnant à l'un et à l'autre satisfaction *légitime* de leur amour.

Il me tardait de pouvoir m'expliquer entièrement sur l'action du sacerdoce sous ce rapport ; maintenant je puis parler et vous pouvez m'entendre.

Le PRÊTRE est l'HOMME ET LA FEMME. Cette définition suffit pour distinguer notre sacerdoce du sacerdoce catholique, et même du ministère protestant, dans lequel la femme du ministre n'exerce aucune fonction sacerdotale.

Quelle est l'influence politique et morale du couple sacerdotal?

Sous le rapport *politique*, le clergé a pour mission d'unir et de développer la *science* et l'*industrie* humaines; il emploie dans ce but tous les secours de l'ART pour frapper les masses; les ARTISTES éveillent l'*intelligence* et l'*activité*, ils charment l'*esprit* et les *sens;* les cérémonies religieuses rappellent à la *pensée* ou mettent sous les *yeux* des fidèles les symboles *spirituels* ou *matériels* de la foi; comme le temple de Jérusalem, l'Église nouvelle est parée des magnifiques conquêtes de l'*industrie;* comme la cathédrale du moyen âge, elle renferme les trésors de la *science;* ses voûtes répètent la parole, le chant et l'harmonie qui inspirent le *recueillement*, la *méditation* et la *prière*, et l'architecture, la sculpture, la peinture animent la pierre et lui donnent la *force*, l'*élégance* et la *beauté* qui exaltent les travailleurs.

Sous le rapport MORAL, le prêtre et la prêtresse exercent une action semblable à l'égard des fidèles : action individuelle, *personnelle*, comme l'autre est collective et *publique :* ils éveillent l'intelligence et la force, charment l'esprit et les sens, inspirent la pensée et les actes.

Le couple sacerdotal lie ou délie l'homme et la femme, c'est lui qui consacre leur UNION ou leur DIVORCE; car l'amour de chacun lui est révélé, puisqu'il doit rétribuer chacun selon son amour. Tous lui ont *confié*, *avoué*, *confessé* leur âme; tous viennent déposer en lui le mystère de leurs pensées et de leurs actes, les douleurs ou les joies de leur esprit et de leur chair, car le sacerdoce est HOMME ET FEMME, il est le père et la mère de tous, et son amour paternel et maternel inspire la foi au fils aussi bien qu'à la fille.

Le prêtre et la prêtresse exercent leur ministère avec toute la puissance de leur intelligence, mais aussi de leur *beauté;* car le sacerdoce de l'avenir ne mortifie point sa *chair* comme le prêtre chrétien, il ne voile point sa face, ne se couvre pas de cendres, et ne se déchire pas le corps à coups de discipline; il est BEAU autant que SAGE, il est BON.

Il est aimé parce qu'il aime, et aussi parce qu'il est éclairé, raisonnable, sage, sensible, doux, patient, réfléchi; mais on l'aime encore parce qu'en lui est la grâce, l'élégance, le goût, l'activité, l'ardeur, la gaieté; on l'aime parce qu'il sait le prix d'une larme, mais aussi parce qu'il sent la puissance d'un sourire : car le sacerdoce de l'avenir ce n'est pas l'homme, c'est la FEMME ET l'HOMME.

Spirituel et *temporel*, l'Église de l'avenir embrasse tout : chaque couple sacerdotal est entouré d'une famille qui est confiée à son amour, et dont il doit unir tous les membres. Parmi ses enfants il en est de caractères et de goûts différents que sa tendresse RELIE ; les uns sont puissants par l'*intelligence*, d'autres par leur *activité;* ceux-ci ont des affections *profondes*, d'autres des affections *vives* et passagères; d'autres encore aiment la retraite, la solitude, et là au contraire sont des enfants qui cherchent le bruit, l'éclat, le monde et ses plaisirs, Mieux encore que saint Paul, il peut se faire tout à tous pour les ramener tous; car le sacerdoce de l'avenir c'est L'HOMME ET LA FEMME.

J'appuie et je reviens souvent sur cette différence radicale du sacerdoce de l'avenir et des anciens sacerdoces, toujours MALES, et par conséquent toujours exclusifs et despotiques; j'y reviens, afin de repousser à l'avance les difficultés qui s'opposeraient à ce que je fusse compris par ceux qui verraient toujours sous le nom de prêtre un HOMME seul.

Il est inutile que je m'arrête sur d'autres difficultés qui tiendraient à ce qu'on supposerait l'ABUS

D'AUTORITÉ de la part du prêtre : vous savez qu'avec de pareilles objections tout peut être contesté : certes l'*abus* sera possible, puisque le sacerdoce sera puissant; mais si l'on suppose que le couple qui, par définition et par fonction, doit MORALISER, emploie précisément sa puissance à DÉMORALISER, on fait un cercle vicieux, et pas autre chose.

Toutefois cette *double* influence que j'attribue au sacerdoce de l'avenir a soulevé une question grave, qui témoigne de la puissance qu'exerce encore aujourd'hui la foi chrétienne, par son anathème contre la *chair*. On admet en général avec autant de facilité les avantages d'une direction *spirituelle*, que l'on redoute et que l'on repousse l'idée d'une influence *charnelle*, exercée par le sacerdoce sur les fidèles. Ici l'on voit la SÉDUCTION, là on voit l'ÉDUCATION; et pourtant la CAPTATION selon l'*esprit* est tout aussi facile, tout aussi dangereuse que la SÉDUCTION par les *sens;* le *jésuitisme* est aussi funeste que peut l'être chez un homme immoral le *magnétisme*.

Mais il ne s'agit ici ni de jésuites ni de charlatans; il s'agit de l'éducation MORALE par l'*esprit* et par les *sens*, division capitale, qui repose sur ce que, chez certains êtres, les *sens* sont plus développés que l'*intelligence*, et réciproquement.

Lorsqu'après avoir jeté les yeux sur le clergé chrétien, et examiné tout ce qu'il a produit de grandeur et de puissance, lui qui n'envisageait avec amour qu'une face de la vie humaine, celle qui était relative au développement de l'*esprit*, on porte son regard dans l'avenir, il est difficile de ne pas éprouver un sentiment d'admiration; car on y découvre un sacerdoce s'occupant avec autant de zèle de l'ÉDUCATION de l'humanité, sous le rapport *physique, charnel, industriel*, que sous le rapport *intellectuel, spirituel, scientifique*. Alors on comprend la vérité de ce qui a si souvent été dit sur l'abâtardissement *charnel* de l'espèce humaine, depuis la chute du paganisme et sous l'influence du christianisme, surtout depuis la chute de ce qu'il y avait encore de païen dans le monde chrétien, c'est-à-dire depuis la destruction de la noblesse, du militarisme et des races royales. On comprend ainsi comment, par les progrès récents de l'*industrie*, qui réclame chaque jour une importance sociale plus grande, la famille européenne va entrer dans la voie d'un progrès immense, lorsque ces éléments d'un avenir nouveau pourront être ordonnés. Aujourd'hui l'humanité est, sous ce rapport, dans la situation critique la plus affligeante, elle porte les marques du jeûne et de la macération du christianisme, et de plus elle est livrée aux désordres inséparables de la révolte de la CHAIR contre la loi d'un Dieu PUR ESPRIT. L'humanité a passé trois siècles à critiquer son ancien *dogme* et à chercher une *science* nouvelle; elle a *raisonné, discuté, argumenté, protesté* sans relâche; l'*esprit* profane a vaincu l'*esprit* sacré; mais c'est toujours de l'*esprit*, la *chair* est difforme : l'humanité est laide, elle a une *tête* prodigieuse; c'est un monstre comme Asmodée, qui *raisonne* effroyablement : ça remue, ça parle, mais ça n'aime plus.

Le couple sacerdotal s'occupera donc également du développement *intellectuel* et du développement *physique* des individus; son pouvoir ne sera ni la CAPTATION ni la SÉDUCTION, mais l'AFFECTION, l'ATTRACTION; la foi *spirituelle* qu'il excitera pour lui ne l'entraînera pas au charlatanisme, à la tromperie, au mensonge, et ne commandera pas la superstition, la crédulité et l'ignorance : de même l'attrait *charnel* qu'il excitera (je parle du couple *homme* et *femme*, uni par le lien de l'affection la plus *profonde* sans être *exclusive*, la plus *vive* sans tomber jamais dans l'*indifférence*), l'attrait *charnel* qu'il excitera, dis-je, ne dégénérera pas en délire, en libertinage, en orgie, et ne commandera pas l'idolâtrie, la prosternation, l'esclavage.

Tantôt le couple sacerdotal CALMERA l'ardeur immodérée de l'*intelligence* ou MODÉRERA les appétits déréglés des *sens;* tantôt, au contraire, il RÉVEILLERA l'*intelligence* apathique ou RÉCHAUFFERA les *sens* engourdis; car il connaît tout le charme de la *décence* et de la *pudeur*, mais aussi toute la grâce de l'*abandon* et de la *volupté.*

Je viens de prononcer un mot terrible pour les chastes oreilles de notre monde ; je sais tout ce que ce mot peut soulever de répugnances réelles ou mensongères; mais je voudrais vraiment que celui qui en serait offensé vînt me dire quels sont ses lectures, ses spectacles ou ses plaisirs, quelle est sa vie. Il nous est facile de commander le silence à ceux qui seraient émus de notre parole; il suffit de les dévoiler à eux-mêmes, et de leur demander si le monde que nous leur annonçons est moins moral et moins beau que celui dont ils font partie.

Qu'ils se taisent donc d'abord et qu'ils écoutent : il s'agit de l'avenir de l'humanité et de faire cesser d'horribles souffrances : j'ai dit ailleurs que c'était un homme SEUL qui parlait, et cet homme ne veut recevoir de leçon de pudeur que de la bouche d'une femme.

Le couple sacerdotal, ai-je dit, connaît tout le

charme de la *décence* et de la *pudeur*, mais il connaît aussi toute la grâce de l'*abandon* et de la *volupté :* il impose la puissance de son amour aux êtres qu'un *esprit* aventureux et que des *sens* brûlants égarent, et il reçoit d'eux l'hommage d'une mystérieuse et pudique tendresse ou le culte d'un ardent amour; il CALME leur *mysticisme* ou leur *idolâtrie*, car il maîtrise l'*esprit* des uns et les *sens* des autres.

Je parle du couple : ce que je dis pour le prêtre, je le dis donc aussi pour la prêtresse.

Dans notre monde critique nous avons oublié cette divine influence de la dame du moyen âge ou de la vierge chrétienne sur la vie du page et du chevalier : nous ne savons plus ce que pouvaient commander de dévouement sans espoir une écharpe, un regard et à peine un sourire; mais nous ignorons surtout la puissance d'une vertueuse caresse; il n'en est point pour nous, notre *chair* est plus souillée encore que notre *esprit*, et cette seule idée épouvante un monde qui ignore encore le pouvoir social, religieux et moral que l'avenir réserve à la BEAUTÉ.

La beauté, la grâce, la *chair*, voilà une sainte puissance que l'homme a d'abord prodiguée et profanée, qu'il a ensuite négligée et réprouvée, qu'il doit religieusement UNIR à l'intelligence, à la sagesse, à l'*esprit* régénéré. Le prêtre n'a pas su guérir les douleurs de la *chair* dans l'antiquité, ni les douleurs de l'*esprit* au moyen âge, parce qu'il ignorait l'harmonieuse UNION de la *chair* et de l'*esprit*, dont le couple de l'avenir est le vivant symbole, car le sacerdoce futur sera enfin le véritable médecin de l'AME.

Et maintenant si l'on me demande quelle est la LIMITE que je pose à l'influence que le prêtre et la prêtresse exerceront sur les fidèles, je réponds : Moi HOMME, moi, SEUL, je n'en pose aucune; la femme parlera. La *liberté* pleine et entière que je lui offre avec toute la franchise de mon cœur d'homme, je veux qu'elle soit *libre* encore de me la refuser ou de ne l'accepter qu'en partie.

Mais j'en appelle dès aujourd'hui à la douceur, à la tendresse, à la bonté, à l'indulgence de son cœur : au nom de Dieu et de toutes les souffrances que l'humanité, sa fille chérie, ressent aujourd'hui dans sa *chair;* au nom de la classe la plus pauvre et la plus nombreuse dont les filles sont vendues à l'oisiveté et les fils livrés à la guerre ; au nom de tous ces hommes et de toutes ces femmes qui jettent le voile brillant du mensonge ou les sales haillons de la débauche sur leur secrète ou publique prostitution; au nom de Saint-Simon qui est venu annoncer à l'*homme* et à la *femme* leur égalité morale, sociale, religieuse, je la conjure de me répondre, et je demande encore une fois à sa pudeur de voiler la nudité de ma parole.

SIXIÈME ENSEIGNEMENT

(VENDREDI 9 DÉCEMBRE 1831, RUE MONSIGNY)

La séance s'ouvre par la lecture, faite par Retouret, d'une lettre du Père à l'Eglise de Toulouse.

Immédiatement après cette lecture, le Père parle en ces termes :

Mes enfants,

Je vous ai dit dans notre dernière réunion que nous aurions à examiner quelques-unes des objections faites contre les idées que j'ai présentées sur la morale de l'avenir ; et je vous ai d'abord signalé celle qui paraît la plus importante, en dehors de nous, et que nous pouvons cependant négliger ici, puisque c'est celle qui repose sur l'abus que le prêtre pourra faire de son autorité. Vous savez trop bien qu'il n'y a pas de discussion possible, lorsqu'on suppose l'*abus* du POUVOIR, puisque le seul mot de POUVOIR implique pour nous l'idée des capacités les plus propres à faire le *bien*, et qui présentent le moins de chances possible pour le *mal*. Je vous ai déjà fait voir d'ailleurs, dans plusieurs circonstances, combien cette objection est *irrationnelle*, et comment avec cette crainte de l'*abus* du POUVOIR, on est conduit à annuler toute espèce de POUVOIR, et par conséquent à l'impuissance d'ORGANISER une société.

Mais voici une objection plus importante à examiner ici. « Si vous donnez au développement des appétits *physiques* une satisfaction normale, régulière, sainte, il en résultera pour tous, nous dira-t-on, un spectacle de corruption auquel personne ne pourra résister. »

Ceci suppose d'abord que le développement des appétits *matériels* est encore considéré, ainsi qu'il l'a été par le CHRISTIANISME, comme une cause de *chute*, et comme un *attrait* excessivement puissant pour *tous*; et cela nous reporte sur le terrain plus large, que nous avons si souvent parcouru, et où nous avons reconnu la nécessité d'admettre l'existence simultanée de *deux natures*, CHARNELLE et SPIRITUELLE, également saintes, également nécessaires au développement de l'humanité.

Or, aujourd'hui nous pouvons supposer, comme chose admise entre nous, l'existence de ces *deux natures ;* et il est évident que si l'art du PRÊTRE, si son talent GOUVERNEMENTAL ne consistait pas à mettre l'ORDRE dans leur développement SIMULTANÉ, de manière à opérer ce développement sans *lutte,* et au contraire avec HARMONIE, il est bien clair, dis-je, qu'en effet alors, la satisfaction de l'une des *deux natures* pourrait être pour l'autre une cause de corruption.

D'ailleurs remarquez que le raisonnement peut être absolument le même, quant à l'influence funeste que pourrait exercer le développement spécial des appétits *intellectuels ;* et que l'on peut retourner contre l'*esprit,* cette objection lancée contre la *chair.* Sans doute aujourd'hui les préjugés *spiritualistes,* nés de la foi CHRÉTIENNE, lui survivent et permettraient encore de favoriser spécialement l'une des *deux natures,* sans, pour cela, comprimer l'autre trop violemment ; mais bien certainement aussi, dans l'avenir, le développement *privilégié* des appétits *intellectuels* serait tout aussi pernicieux que pourrait l'être celui des appétits physiques ; aussi le PRÊTRE s'efforcera-t-il sans cesse (c'est là sa FONCTION) de maintenir l'équilibre entre eux, c'est-à-dire de faire régner entre ceux qui en sont les *organes*, les relations sociales d'affection réciproque et de convenances qui leur permettent de marcher, sans se froisser, vers un même but.

Mais je sens qu'il est nécessaire de nous arrêter encore ici sur cette *double* forme de la vie qui paraît contradictoire, toutes les fois qu'on l'examine *abstraitement*, et qui est, cependant, l'expression vraie du fait humain.

Vous le savez, nous avons souvent rencontré dans tous nos travaux ces *deux* formes qui semblent se repousser, se contredire, se nier l'une l'autre ; elles se sont montrées dans notre MÉTAPHYSIQUE et dans notre POLITIQUE, et nous les retrouvons dans la MORALE. Revenons encore une fois sur quelques-uns des principaux dualismes auxquels nous nous sommes le plus arrêtés.

En examinant le grand problème PHILOSOPHIQUE de l'*identité* et de la *différence*, nous avons montré comment l'humanité se développait selon ces *deux* modes. Puis traduisant en langage POLITIQUE ces termes abstraits, nous avons également reconnu que les *deux* faces de la vie POLITIQUE désignées par ces mots : *Liberté* et *Autorité*, seraient enfin conciliées par notre foi. Ainsi nous avons dit que plus on s'avance vers l'avenir, et plus la *distance* qui sépare les classes *supérieures* des classes inférieures va en *diminuant*, et plus cependant l'appréciation de cette *différence* devient *sensible* pour tous ; de telle sorte que l'*égalité* devient sans cesse plus *sensible* entre tous, et que cependant la HIÉRARCHIE se *formule* d'une manière de plus en plus nette.

Eh bien ! de même, d'après ce que j'ai dit sur le développement simultané des appétits *intellectuels* et des appétits physiques, l'avenir doit se présenter comme le développement HARMONIQUE de ces *deux* formes de la vie. Je sais bien que ma parole a pu quelquefois induire en erreur, non-seulement à cause des habitudes de ceux qui m'écoutaient, mais aussi par suite des nécessités de la position où nous nous trouvons nous-mêmes ; ainsi on a pu croire que, selon ma pensée, plus l'humanité marcherait, et plus chacune des classes correspondant à ces mots : *esprit* et *chair*, deviendrait *tranchée*, *séparée*, *distincte* de l'autre, de manière que l'on ne concevrait pas la possibilité de leur UNION définitive, de leur RELIGIEUSE COMMUNION. C'est qu'en effet, j'ai dû appuyer plus particulièrement sur ce qui *différencie*, sur ce qui *distingue* ces *deux natures*, parce que dans ce moment de *confusion* anarchique où pourtant la réprobation CHRÉTIENNE pèse encore sur les *esclaves* de la *chair*, ce qui nous importe surtout, c'est de constater l'apparition sainte dans le monde d'éléments qui ont été *réprouvés* et *subalternisés* par la dernière forme RELIGIEUSE et POLITIQUE, c'est de mettre en saillie les êtres qui ont un rang à réclamer dans la CITÉ, une place à recevoir dans le TEMPLE.

Mais il est clair que l'on pourrait se placer à un autre point de vue, qui serait tout aussi abstrait, tout aussi incomplet que celui auquel j'ai dû plus spécialement me placer, et d'où le développement de l'humanité apparaîtrait comme une FUSION de plus en plus grande des *deux natures* en UNE SEULE, de manière à ce que chaque individu manifestât également en lui chacune des deux natures. Et, par exemple, vous devez vous rappeler que nous avons quelquefois exprimé le développement humanitaire par cette formule : PROGRÈS *vers l'état* SACERDOTAL, c'est qu'en effet il est possible de concevoir le PRÊTRE comme étant le type vers lequel marchent le *savant* et l'*industriel* ; mais de ce fait, il serait tout aussi funeste de conclure (pour la POLITIQUE VIVANTE, ACTUELLE), qu'il n'y a qu'UNE SEULE nature, la nature PRÊTRE, qu'il serait dangereux de croire à la réalité d'abstractions telles qu'un *savant* PUR ou un *industriel* PUR, un *esprit* sans *chair* ou une *chair* sans *esprit*.

Le fait est que les contradictions *apparentes* qui existent entre l'une et l'autre nature, et qui nous font les distinguer l'une de l'autre, sont l'expression de l'imperfection humaine ; elles signifient tout simplement que nous sommes des êtres finis, limités. Je dis ces contradictions *apparentes*, parce qu'il est bien évident que chacune des formes sous lesquelles l'humanité VEUT se développer, lui sont, par conséquent, l'une et l'autre agréables, et résument sommairement sa vie à deux points de vue différents. Je veux dire par là que les deux choses qui PLAISENT le plus à l'humanité, qu'elle aime le mieux, ne se contredisent pas plus que les *deux* faces du phénomène de la respiration, par exemple, et qu'en MÉTAPHYSIQUE la conciliation de l'*identité* et de la *différence*, en POLITIQUE le lien de l'*autorité* et de la *liberté*, en *morale* l'union de la *constance* et de la *mobilité*, ne présentent rien d'*irrationnel* et d'*impossible*, ne se *contredisent* et ne s'*annulent* point dans leurs termes, mais sont au contraire des DÉFINITIONS *vraies* et *positives*, telles que l'homme, être *fini*, peut les donner, de sa vie INTELLECTUELLE, POLITIQUE et MORALE.

Ainsi, par exemple, sentir qu'on s'élève vers son *supérieur*, qu'on se rapproche de lui, et qu'on élève à soi, qu'on rapproche de soi son *inférieur*, est un noble sentiment qui peut fort bien s'allier à une juste appréciation de la *supériorité* que l'on a sur d'autres ou de l'*infériorité* que l'on reconnaît en soi-même. Ce sont même ces deux sentiments de *fraternité* et de *hiérarchie*, de *liberté* et d'*ordre* qui animent tout individu normal dans une société régulière, et c'est par leur union que l'*indépendance* peut être noble et fière sans dégénérer en RÉVOLTE, et que l'*obéissance* peut être soumise et dévouée, pleine de dignité et de grandeur, sans jamais craindre de se transformer en servilité.

Et voilà pourquoi le PRÊTRE rappelle l'universelle HIÉRARCHIE des êtres à celui qui est dévoré par la passion de *l'égalité*, et il rappelle aussi la divine *égalité* humaine à celui qui se prosterne en *esclave* devant le *supérieur*, et à celui qui abuse *despotiquement* de sa *supériorité*.

Et voilà encore pourquoi dans l'ordre MORAL, le *prêtre* rappelle (ou plutôt fait rappeler, car ce n'est pas sa FONCTION, c'est celle du *juge*) à chacune des *deux natures* les inconvénients de l'abstraction à laquelle elles appartiennent, et s'oppose ainsi à ce que leur développement exagéré ne produise entre elles de funestes collisions.

Mais je reviens maintenant directement à l'objection, et je soutiens qu'il ne suffit pas que nous prétendions donner satisfaction à celle des *deux natures* qui est aujourd'hui réprouvée, pour qu'on soit en droit de dire que cette satisfaction sera une cause de corruption, ni surtout que cette corruption sera un attrait pour l'autre nature, et sera pour elle ce qu'était *Satan* aux yeux des chrétiens.

Et d'abord nous ne prétendons pas donner satisfaction seulement à la nature *réprouvée*, et réprouver à notre tour celle qui a été *sanctifiée*.

Ensuite l'objection suppose qu'il n'existe même pas *deux* formes distinctes l'une de l'autre, selon lesquelles l'HOMME et la FEMME peuvent se développer religieusement, qui ne sont l'un et l'autre que des aspects secondaires de la vie, qui n'ont eu jusqu'ici, il est vrai, qu'une influence répulsive, oppressive l'une par rapport à l'autre, qui se sont toujours combattues et n'ont jamais pu, consciencieusement, être ASSOCIÉES, mais qui doivent se PACIFIER et s'HARMONISER un jour; or, je n'ai plus de preuves à vous donner de l'existence de ces *deux natures*.

Enfin cette objection suppose encore que la satisfaction donnée aux appétits *charnels* sera une *tentation* irrésistible pour tous; eh bien ! c'est précisément parce que l'humanité est très-susceptible d'être *entraînée* sous ce rapport, qu'il ne faut plus se borner à *réprouver* des êtres qui emploieront frauduleusement l'*attrait* que l'on redoute, si on ne donne pas à cet *attrait* une destination légitime, régulière, ordonnée, consacrée.

Mais, pour examiner encore cette objection sous une autre face, parlons d'une question qui touche de près aux idées que je vous ai déjà exposées sur les relations des sexes, question qui a soulevé bien des débats dans le monde, et qui excite en ce moment un intérêt, symptôme de la nécessité de notre venue, je veux parler du *divorce*.

On a dit que cette question du *divorce* une fois soulevée, les liens de la *famille* seraient bientôt brisés, et que la société serait livrée au plus scandaleux désordre. Un CHRÉTIEN doit parler ainsi, puisqu'en effet la FAMILLE CHRÉTIENNE est conçue selon la loi de l'amour *exclusif*, *éternel*, non-seulement pour ce qui concerne les époux, mais aussi pour les rapports du Père avec les enfants. De BONALD et de MAISTRE l'ont fort bien senti, et l'ont tous deux écrit; et en cela ils ont été conséquents à leurs principes. Le fait est que, par le divorce, la *famille*, mais la FAMILLE CHRÉTIENNE, est détruite. Il y a plus, comme les relations d'AMOUR ne sont pas les seules, dans la *famille*, qui reposent sur cet AMOUR, supposé *éternel*, entre les époux, et que les relations *financières* des membres de la famille sont elles-mêmes fondées sur ce sentiment de *perpétuité*, il en résulte que non-seulement les liens MORAUX de la *famille* sont brisés par l'adoption du *divorce*, mais les rapports *financiers* de la société se trouvent par là complétement changés ; remarquez bien que c'est toujours de la *famille* et de la société CHRÉTIENNES qu'il s'agit, c'est-à-dire d'un monde où la nature pour laquelle le *divorce* est réclamé se trouve *comprimée*, *subalternisée*, *réprouvée*.

Transportons-nous au contraire dans une société où l'existence des *deux natures* et leur ÉGALITÉ seraient admises, l'une se manifestant par des affections *profondes* que le temps augmente et rend plus *durables* encore, l'autre se manifestant par des affections *vives*, *légères*, passagères, que le temps altère, use et dissout. Si dans une telle société le *divorce* était institué comme règle, pour celle des *deux natures* qui trouve son bonheur dans des affections *vives* et de peu de *durée*, il est évident que l'autre nature qui trouve son bonheur et sa gloire dans des affections *profondes* et *durables*, ne pourrait se plaindre d'être injustement exploitée par la loi qui régit l'autre nature, et que d'ailleurs l'exemple du *divorce* ne serait pas pour elle une séduction, une tentation, puisque, d'une part, il est en elle d'aimer pour TOUJOURS, et que, d'autre part, la société serait constituée pour donner aux affections *profondes* la satisfaction, la sanctification auxquelles elles ont droit de prétendre. Les individus de cette nature trouveraient en effet, dans une pareille société, leur bonheur et leur gloire à suivre la ligne qui leur est propre, à se développer selon la forme spéciale de leur vie; car le *prêtre* et la société tout entière les entoureraient de considération, de respect et d'amour, et rendraient hommage en eux aux qualités qui constituent leur être.

Du reste, considérer le développement de l'un de ces aspects de la vie humaine comme ayant une influence pernicieuse sur l'humanité, c'est le vieux dogme de la *réprobation* et de la *chute;* or, aujourd'hui, c'en est fini pour nous; aussi n'est-ce pas précisément ce dogme que je veux combattre ici; je veux surtout vous faire sentir combien il est important de ramener sans cesse celui avec lequel on discute, à convenir de l'existence des *deux natures* autrefois *ennemies* et qui doivent être associées; c'est sur ce mode général d'argumentation que je veux fixer votre attention.

En effet, vous le savez, tant qu'on n'a pas admis, avec celui contre lequel on discute, les mêmes

AXIOMES, il est impossible de mener à bien la discussion ; on a besoin de prendre pour point de départ la même CROYANCE, le même SENTIMENT pour arriver à des résultats semblables ; or, toute discussion sur les idées MORALES que j'ai émises doit être ramenée à ce principe : le développement MORAL de l'humanité s'opère sous *deux* formes distinctes, *ennemies* jusqu'ici, comme l'ont été la *chair* et l'*esprit*, mais qui, dans l'avenir, seront ASSOCIÉES *par* le PRÊTRE et se trouveront UNIES *dans* le SACERDOCE lui-même. Convenez avant tout de ce principe avec vos adversaires, c'est-à-dire efforcez-vous de les contraindre à se placer par la pensée dans une société constituée sur ce principe, s'ils veulent comprendre ce que nous disons, car toutes les idées que j'ai émises sur la MORALE en sont les conséquences logiques.

Sans doute il est nécessaire, après avoir fait admettre que *deux natures* distinctes se manifestent dans l'humanité, de définir ces *deux natures*, l'une par rapport à l'autre, pour concevoir quelles seront les formes de la société ; mais agissons ici comme nous avons toujours agi, successivement, progressivement. Ainsi, lorsque nous avons annoncé la *destruction* de l'*hérédité*, nous sommes entrés de suite dans l'examen des moyens *géné-*

raux, qui permettront que la *propriété* soit répartie un jour *selon la capacité;* mais nous avons ajouté, et c'est là même le cachet de notre foi au PROGRÈS, que ces moyens seraient surtout découverts par ceux qui auraient, un jour, mission de les employer, de les mettre en *pratique*, d'organiser POLITIQUEMENT la *propriété* sur sa nouvelle base. Aujourd'hui, nous sommes, sous le rapport MORAL, au point où nous en étions lorsque nous parlions pour la première fois de l'organisation des *banques* et de la constitution d'un *crédit* nouveau. Nous n'avons pu voir immédiatement quelles seraient les conséquences de la réalisation sociale de ces idées : *destruction de l'hérédité, répartition des instruments de travail selon la capacité.* Eh bien ! de même aujourd'hui, je serais fort loin de pouvoir présenter, sur l'ordre MORAL nouveau, sur l'organisation de la FAMILLE nouvelle, sur les relations détaillées du PRÊTRE et de la PRÊTRESSE avec le *fidèle* et la *fidèle*, des termes qui fussent plus développés, et même aussi développés que ceux sous lesquels nous avons déjà pu formuler, par des travaux de plusieurs années, et par suite de ceux de SAINT-SIMON, nos idées sur la *propriété;* il est même important de nous convaincre de la nécessité d'apporter, dans la propagation de nos idées MO-

RALES, un mode d'enseignement plus perfectionné encore, car nous avons marché depuis nos travaux sur la *propriété*, et nous nous sommes avancés chaque jour sur un terrain de plus en plus délicat qui exige une *prudence* aussi grande que l'*audace* dont des apôtres doivent être animés.

Nous avons dit souvent, et souvent nous en avons fait profession devant tous, que notre intention n'était pas de rompre brusquement les attaches avec le vieux monde; que notre but, lorsqu'il s'agissait de la *propriété*, était de ne pas brusquer les relations avec ce vieux monde, au contraire de le faire successivement et progressivement marcher vers l'intelligence des relations du monde nouveau. Nous avons même apporté, dans cet ordre de faits, une modération qui, auprès de beaucoup de familles, a certainement été un titre à l'adoption de la foi nouvelle, ou du moins à la liberté que ces familles ont donnée à quelques-uns d'entre vous de s'occuper activement de nos travaux, et même de se vouer tout entiers à la vie SAINT-SIMONIENNE.

Dans l'ordre MORAL, nous devons respecter infiniment plus les liens de l'ancien monde, parce qu'il s'agit là de ce qu'il y a de plus intime et de plus profond, aujourd'hui surtout, dans les âmes; et toutefois, remarquez que par là je n'entends pas dire que nous devions les respecter au point de nous annihiler devant eux. En traitant la question de la *propriété*, nous avons quelquefois provoqué contre nous les plus violentes accusations, par suite de la *hardiesse* de nos idées sur cette matière, et cette surexcitation même que nous communiquions ainsi au monde extérieur, nous a permis d'avoir plus d'action sur lui, à mesure que notre polémique augmentait d'importance, par l'accroissement de nos moyens de publicité; eh bien! nous aurons également plus d'action sur la société en exposant d'une manière nette et hardie nos idées nouvelles sur la MORALE ; car ce ne sont ni des atermoiements ni des subterfuges que je vous demande d'employer, c'est du *tact* et de la *prudence* en même temps que de la *franchise* et de l'*audace;* et remplir cette double condition, ce sera donner, en vous-mêmes, un exemple vivant de l'UNION des *deux natures*.

N'oubliez pas surtout que, dans les circonstances actuelles, vous aurez plus besoin que jamais de la direction paternelle que vous avez tous trouvée ici; elle sera bien plus nécessaire quand il s'agira, pour vos familles, de votre avenir MORAL, de votre CONSIDÉRATION, de votre HONNEUR, que lorsqu'il s'est agi d'ARGENT.

Je désire fixer votre attention sur les formes de votre action à l'égard du monde, en ce moment, parce que parmi les personnes qui nous adresseront des objections contre nos idées sur les FEMMES, vous en trouverez beaucoup qui sont, par rapport à ces idées, ce que furent beaucoup d'autres par rapport à nos idées sur la *propriété*, et en général à notre POLITIQUE ; ainsi elles reconnaissent que tout ce que nous annonçons renferme, sinon l'expression complète, au moins l'indication vraie de l'avenir de l'humanité ; mais elles ajoutent que, pour réaliser cet avenir, elles ne conçoivent pas de moyens, ou plutôt qu'elles redoutent ces moyens, quels qu'ils soient, à cause des désordres qui pourront résulter des premières tentatives de réalisation. Ce genre d'objections nous étant fait par les personnes qui nous affectionnent, par celles qui, en dehors de nous, rendent le plus de justice à nos travaux, c'est surtout vis-à-vis d'elles que nous devons manifester, dans l'ordre MORAL, le caractère pacifique et progressif que nous avons montré sous le rapport *économique* ou POLITIQUE.

Je vous le répète, beaucoup de personnes s'approcheront de nous, qui, reconnaissant que les mœurs et les institutions sociales consacrent l'exploitation de la FEMME, confesseront que dans cette définition : *l'individu social c'est l'*HOMME ET *la* FEMME, se trouve la base de la MORALE définitive. D'autres conviendront même que la loi MORALE nouvelle est déjà formulée dans ce que j'ai dit sur les relations du PRÊTRE et de la PRÊTRESSE avec les *fidèles*, sauf les limites de délicatesse, de tact, de pudeur que la PRÊTRESSE devra poser ; et cependant ces mêmes personnes diront : « Cet avenir est séparé de nous par un précipice épouvantable, comment combler ce précipice, et comment s'exposer à y plonger ceux qui n'auraient pas la force de le franchir?

Ce précipice ! mais ce n'est pas nous qui le creusons, il est fait, il existe. De même, lorsque nous avons parlé de *la répartition des instruments de travail selon la capacité, de la constitution nouvelle de la propriété,* ce n'est pas nous qui avons mis entre nos idées et leur réalisation, cet abîme immense, dont plusieurs aussi ont été effrayés; ce n'est pas nous qui faisons que les prolétaires meurent de travail et de faim, tandis que des oisifs vivent largement ; ce n'est pas nous qui établissons la guerre entre les uns et les autres ; cette guerre est ancienne, et c'est parce qu'elle existait depuis plus longtemps, que SAINT-SIMON en a été profondément ému, et qu'il est venu poser les premières conditions d'ASSOCIATION qui doivent la faire cesser.

Nous parviendrons à combler ce précipice qui nous sépare de l'avenir, *théoriquement* d'abord, en cherchant quels sont, dans la société qui nous entoure, les germes de la régénération MORALE que nous annonçons; ce sont, en quelque sorte, les planches qu'il faut jeter sur l'abîme, les arches du pont qui servira pour le franchir. Nous ferons encore ici ce que nous avons fait dans l'ordre *matériel, économique, industriel;* nous désignerons les points où la société actuelle doit poser le pied, pour s'élancer avec force vers l'avenir.

Ainsi voyez quels pas la société a dû faire, depuis quelques années, pour en être venue au point de considérer, avec nous, l'*industrie* comme un germe puissant d'ORDRE POLITIQUE et de MORALISATION, même pour l'avenir; il ne lui reste presque plus qu'à reconnaître en elle son caractère SACRÉ, à y voir la base du CULTE définitif. Quelle transformation immense le monde n'a-t-il pas subie pour traiter comme il le fait des hommes qui n'ont jamais reçu de consécration RELIGIEUSE pour la fonction qu'ils accomplissent, et qui n'ont pas même reçu la consécration d'*honneur* que la vieille société accordait à ses chefs! Quels changements prodigieux se sont opérés dans les esprits depuis l'époque où les sublimes plaidoyers de *Saint-Simon* en faveur des *industriels* étaient traités de rêveries, pour que les *industriels* soient arrivés, par le fait, à peser d'un poids énorme, et à la vue de tous, dans la balance des destinées humaines.

Oui, nous avons touché, et dans ce que nous touchions nous avons reconnu le germe d'avenir, germe de paix et de travail; nous l'avons reconnu, ce signe d'un brillant et religieux avenir, dans ce qui, jusqu'à Saint-Simon, a été regardé comme inférieur, comme dégradant même; dans ce qui, très-justement encore, peut être regardé comme *ignoble*, comme *impie*, car la fraude, la ruse et l'exploitation y abondent, nous l'avons reconnu dans la Bourse. Nous avons touché ce temple de PLUTUS, et nous avons dit : là sont des hommes auxquels la vieille société, dissoute aujourd'hui, ne donnait pas d'existence MORALE, qui y vivaient dans un état d'infériorité, de subalternité, de servitude même; qui, aujourd'hui encore, n'ont pas de nom SOCIAL OU RELIGIEUX, qui ne possèdent pas de titre POLITIQUE, par conséquent aucun droit à la *gloire*, pas de titre RELIGIEUX, par conséquent aucun droit à la *sainteté*, car il n'y a pas encore eu de DOGME qui ait consacré leur *valeur*, ni de CHARTE qui leur ait assigné des *grades*. Eh bien! c'est à nous à aller vers eux et à les sauver de leur *enfer*, à les guérir de leur lèpre de *servitude* qui, depuis si longtemps, les dévore; c'est à nous à marcher vers eux, car ils sont la base de la société pacifique de l'avenir.

Mais voici que nous allons aujourd'hui toucher bien d'autres classes encore, qui sont dans une situation MORALE plus déplorable peut-être. Nous avons un CULTE à fonder; c'est dire que nous devons appeler à nous les ARTISTES. Or, la vie de l'ARTISTE est traitée aujourd'hui avec une sorte d'indulgence, de tolérance, qui révèle sa misère MORALE. Lorsqu'on entend parler des désordres auxquels un ARTISTE se livre, n'est-on pas habitué à dire : ce n'est pas étonnant, c'est un ARTISTE ! D'ailleurs vous devez sentir que pour atteindre le but spécial qu'en ce moment nous nous proposons, nous devrons aborder les êtres qui attendent avec le plus d'impatience la *réhabilitation de la* CHAIR ; ceux que DIEU a spécialement marqués pour cette résurrection sainte. Or, que seront alors les objections soulevées par des *théories*, des *pensées*, des *enseignements* et des *appels*, à côté des injures et de la colère que susciteront contre nous notre *conduite*, notre *pratique*, nos *actes*, NOS RELATIONS avec des êtres sur qui la foi CHRÉTIENNE fait encore peser l'anathème ?

Alors on nous accusera violemment de vouloir troubler l'ordre social, de pousser à la dissolution, à la corruption ; et cette accusation pourrait paraître fondée si cette partie de notre œuvre ne devait pas être accomplie, surtout par des HOMMES et par des FEMMES qui, à la face du monde tout entier, pourront donner, soit par une confession franche, complète et publique de leurs fautes, soit par le récit naïf et sincère des vertus de leur vie antérieure, la garantie d'une MORALITÉ à venir parfaite, et qui, ayant traversé, en grandissant sans cesse, les prescriptions faciles de la MORALE *actuelle* et la loi sévère de la MORALE CHRÉTIENNE, feront facilement sentir que notre influence, au lieu d'être démoralisante, est salutaire, *sauvante*.

Certes les exemples seront rares, d'HOMMES et de FEMMES pouvant affirmer hautement qu'ils ont observé la loi CHRÉTIENNE dans toute sa sévérité ; cependant ce seront ceux-là surtout qui commenceront, qui seuls pourront commencer directement la pratique de l'ordre MORAL nouveau. Ou plutôt ce sera nécessairement ceux-là que nous devrons placer devant nous, en marchant vers la société que nous appellerons à nous. A cette époque, d'ailleurs, les obstacles que nous rencontrerons seront d'une toute autre nature que ceux qui nous sont opposés aujourd'hui, et, dès à présent (pour revenir au sujet que j'ai eu spécialement en vue dans cette réunion), vous devez modifier complétement, sous un rapport fort important, les formes de vos débats avec les adversaires de nos idées MORALES. Ainsi, lorsqu'il s'agissait de discussions POLITIQUES, il a été fort rare que les difficultés qui nous étaient faites aient comporté avec utilité l'emploi de l'argument personnel (*ad hominem*) ; dans l'ordre MORAL, ce sera tout le contraire. Autrefois, pour convaincre nos adversaires, nous cherchions l'appui des considérations *historiques* ou des faits *généraux* qui nous entourent, et nous montrions que nos idées POLITIQUES étaient des conséquences logiques des grands événements du *passé* de l'humanité ou de l'état *général* de la société actuelle. Eh bien ! aujourd'hui, lorsque nous traiterons la question MORALE, nous aurons surtout besoin d'aborder directement notre adversaire, dans l'intimité de son for *intérieur*, dans sa vie privée ; il nous sera essentiellement utile de ne commencer de discussion que lorsque nous aurons, nous aussi bien que lui, étalé mutuellement entre nous tout notre passé ; en un mot, il ne pourra y avoir de discussion fructueuse sur ce sujet qu'à condition de *confession*. Et ce ne sera pas seulement parce que, dans le monde actuel, lorsqu'on veut traiter une question *générale*, beaucoup d'individus, compromis par leur position *particulière*, sont contraints au mensonge *officiel*, que je parle de *confession;* je la recommande, parce que l'habitude de dissimuler que le monde critique fait contracter, devient *involontaire*, et ne peut être vaincue que par une attaque directe, vive, à la *personnalité*, attaque qui, par sa vivacité même, doit mettre à nu l'*individu* enveloppé jusque-là, *à son insu* même, d'une complète obscurité, et qui le force à être *lui*, à se faire connaître et à se connaître lui-même. En d'autres termes, ce ne sont plus des *batailles* que nous avons à livrer, ce sont des *duels*.

Revenons aux objections qui peuvent nous être adressées jusqu'ici, je les ai supposées faites sous l'influence du sentiment CHRÉTIEN; mais nous en rencontrerons d'autres, et il est bon de nous y préparer entre nous.

Hier soir, ici, j'étais entre deux personnes dont l'une me témoignait ses craintes sur l'avenir des relations de *famille*, qui lui paraissaient devoir souffrir et se perdre même, par suite de la réalisation du *classement selon la capacité;* il prétendait qu'en détruisant l'*hérédité*, on faisait disparaître une des formes sous lesquelles le Père aime ses enfants et leur manifeste son amour, et que l'altération de cette forme d'amour pourrait nuire, en général, au bonheur que fait éprouver la paternité. Cette personne redoutait que la vie *sociale* future ne privât ainsi l'humanité d'une de ses joies, et son regret était l'expression de sentiments de *famille* très-chaudement prononcés.

De l'autre côté, j'avais une personne qui est en relation habituelle avec des enfants, qu'elle enseigne, qu'elle élève, qu'elle aime ; cette personne a elle-même des enfants, l'autre est célibataire. Elle me disait qu'il lui paraissait incompatible avec l'ordre social que nous annonçons de conserver au père et à la mère la connaissance de l'enfant qu'ils engendraient, et que si les liens de *famille* n'étaient pas complétement détruits, il y aurait toujours, dans la société, les désordres que nous voulions faire cesser, et qui se rattachent tous au préjugé de la naissance.

Je me trouvais donc entre les deux extrêmes ; d'une part je voyais la vie de *famille* manifestée à un haut degré, de l'autre je trouvais la vie *publique* tellement puissante qu'elle absorbait la vie de *famille ;* et pourtant, de ce dernier côté, l'on me parlait avec tendresse de l'enfance, je voyais que l'homme qui s'exprimait ainsi sentait toute l'importance sociale, religieuse, de sa mission paternelle, auprès des enfants qui lui étaient confiés.

Vous rencontrerez fréquemment cette justification de notre *dogme* des *deux natures ;* et, sur la question MORALE surtout, il vous sera facile, dans vos discussions, de saisir les nuances tranchées des *deux* formes de la vie. Les uns, et en très-grand nombre, diront que, même en admettant la *réhabilitation de la* CHAIR et la *justification* du sentiment de *mobilité*, mes idées conduisent à la dissolution complète de tous les liens moraux ; d'autres, en beaucoup plus grand nombre que vous ne le supposez sans doute en ce moment, diront et soutiendront que nous sommes en contradiction avec nous-mêmes ; que d'après nos prémisses, *destruction de l'hérédité, attribution selon la capacité, rétribution selon les œuvres*, le MARIAGE et la *famille* ne peuvent plus être conçus pour l'avenir ; qu'il n'y a pas lieu à tenir compte de ces affections *profondes* qui ne songent qu'à *se perpétuer, se consolider, s'éterniser ;* enfin que ce serait sanctifier l'*immobilité*, et rétablir inévitablement l'*hérédité* et même les *castes*.

Je le répète, vous trouverez beaucoup plus de

personnes que vous ne pouvez le croire qui apporteront dans cette question l'absolutisme que je vous signale ici ; j'en suis d'autant plus certain que nous l'avons nous-même manifesté dans le COLLÉGE, à l'époque de nos premières discussions sur la FAMILLE. Alors, BAZARD et MOI, nous avons pensé que les liens de la paternité et de la maternité même devaient être rompus à la naissance, et c'est parce que RODRIGUES, qui était présent, éprouvait plus vivement que nous dans ce moment les affections de la *paternité*, que nous avons été ramenés à concevoir la *famille* dans les termes où nous l'avons enseignée depuis.

Encore une fois, vous rencontrerez bien des personnes qui, plongées dans l'abstraction *sociale*, et peu propres aux affections *individuelles*, prétendront que nos idées MORALES conduisent à la reconstitution de la *famille* antique et de la *caste*, et qu'elles contredisent par conséquent nos idées POLITIQUES sur la *propriété* [1] ; sans doute, malgré leur

1. Profitons de cette circonstance pour dire quelques mots sur cette question si souvent et si longuement traitée parmi nous, celle de la *propriété*, car elle doit recevoir une nouvelle sanction, mais aussi une nouvelle lumière dans la phase où nous entrons.

Lorsque nous avons parlé de la destruction de l'*hérédité*, et de la transformation de la *propriété*, nous n'avons jamais dit que nombre, ces personnes ne seront encore, grâce aux habitudes MORALES que le CHRISTIANISME a données au monde, que des exceptions, mais ces exceptions, qui seront des réactions exagérées contre la loi CHRÉTIENNE, peuvent être semblables à ces rigoureuses dispositions d'athéisme qui se révoltent contre toute réédification de foi nouvelle : elles peuvent se rencontrer dans des êtres bien faibles que la critique a usés, et qui se meurent impuissants, mais on peut les rencontrer aussi dans des âmes généreuses, pleines d'énergie et capables de grandes choses.

Pour combattre des dispositions pareilles, que nous pourrons trouver, non-seulement en dehors mais au milieu de nous, nous aurons surtout à faire sentir les inconvénients qui résulteraient de l'ab-

le sentiment qui attache le travailleur à son instrument de travail ou à son œuvre, et qui lui fait trouver un bonheur à les perfectionner, à les cultiver en quelque sorte pour eux-mêmes, que ce sentiment qui attache de plus en plus à la chose qu'on a produite, créée, engendrée, allât en diminuant; puisqu'au contraire ce genre de sentiment qui est la base de la *propriété*, est un aspect très-important de l'une des *deux* faces de la vie ; il est éternel comme la *constance*, il durera et se développera comme elle, tant que l'humanité sera humanité. L'exagération de ce sentiment mène à l'*immuabilité*, cela est vrai, mais la nature de ce sentiment, contenu dans ses limites légitimes, est louable, est sainte, puisqu'elle est l'expression du besoin de *conservation*.

sence d'une des faces de la vie pour le développement de l'autre. C'est surtout en vous plaçant à un point de vue d'*utilité*, de *nécessité*, que vous parviendrez à triompher des exigences despotiques de ces natures tranchées, absolues ; à l'une vous ferez valoir l'*intérêt* SOCIAL, à l'autre l'*utilité* INDIVIDUELLE, mais vous montrerez sans cesse à l'une et à l'autre que la satisfaction réglée, limitée, donnée à l'une d'elles, est une garantie de la tranquillité et du bonheur de l'autre. Faites-leur *comprendre* l'importance et la nécessité de ces transactions, de ces concessions réciproques, plutôt par l'avantage qui en résultera pour celle à laquelle vous vous adresserez que par le profit que l'autre pourra en retirer ; en d'autres termes, et pour parler clairement, prenez-les par leur *faible*, pour les mener au *bien*, car il n'y a que les niais et les fanatiques qui ne savent pas utiliser, au profit de tous, les *faiblesses* de chacun ; au profit de tous, dis-je, mais au profit du *faible* principalement. Et c'est ici de vous rappeler ce que je vous ai dit déjà bien souvent sur l'influence du PRÊTRE à l'égard des natures *abstraites*. L'influence *indirecte* du PRÊTRE, ai-je dit, est toujours la plus puissante lorsqu'il cherche à RELIER les *deux natures ;* de même que son influence *directe* sur chacune d'elles est la plus convenable, lorsqu'il veut les faire agir dans leur *spécialité*. Lorsqu'il veut les unir pour un effort COMMUN, il ne cherche pas tant à les faire s'AIMER *l'une l'autre*, qu'il ne s'efforce de SE faire aimer, LUI, par *l'une* et par *l'autre ;* car il faut, avant tout, lorsqu'on prétend diriger les sentiments d'un homme, ÊTRE AIMÉ de lui; alors l'amour des *deux natures* l'une pour l'autre est le *reflet* de l'amour qu'elles ont l'une et l'autre pour le PRÊTRE, et de celui que le PRÊTRE leur donne.

Si je vous rappelle ici cette forme de l'action SACERDOTALE, vous devez comprendre que ce n'est pas seulement en vue des applications que vous devez en faire dans le monde ; car, avant toutes choses, et même pour que vous puissiez *agir* ainsi *hors de nous*, c'est *au milieu de nous*, *entre vous*, que vous devez vous initier à cette *pratique* sainte. N'essayez donc jamais, lorsque vous voulez rétablir, dans le sein de la FAMILLE, l'harmonie qui pourrait être rompue entre deux de ses membres, de *caractères* différents, n'essayez pas *d'abord* d'établir la comparaison directe du mérite de chacun, mais prenez pour mesure de l'amour que deux individus doivent avoir l'un pour l'autre, la *part* d'amour que leur PÈRE leur accorde.

J'ai dit aussi que les formes sous lesquelles nous devions procéder aujourd'hui dans l'enseignement de notre foi étaient toutes nouvelles, et que la base en était la *confession;* ce que j'ai dit là pour vos relations avec le monde extérieur, à plus forte raison encore, je l'ai dit pour vous.

Nous avons commencé ici des *enseignements;* eh bien? ces *enseignements* vont bientôt quitter, très-probablement la fois prochaine, la forme que je leur ai donnée jusqu'ici; car il faut que nous nous occupions plus que nous ne l'avons encore fait de NOUS-MÊMES, de notre PERSONNEL.

Tout ce que je vous ai déjà exposé de *théories,* suffit pour alimenter en ce moment l'*enseignement* public; mais pour mieux nous *connaître,* pour nous *toucher* plus intimement, et entrer dans cette voie de COMMUNION par *confession* qui peut seule nous conduire vers le monde avec cette attitude calme, cette allure franche et ouverte qui convient à des APÔTRES, il faut que je sache (moi qui vous ai tant parlé des fonctions SACERDOTALES), il faut que je sache avant tout qui, parmi vous, est PRÊTRE; car ces relations du SACERDOCE doivent s'établir au milieu de nous; il nous faut de la *confiance* et par conséquent la *confession;* nous avons besoin d'être *unis,* par conséquent COMMUNIONS en toute vérité;

alors nous formerons vraiment UN CORPS, le corps APOSTOLIQUE.

SEPTIÈME ENSEIGNEMENT[1]

(LUNDI 12 DÉCEMBRE 1831, RUE MONSIGNY)

LE PÈRE   MES ENFANTS,

Je vous ai demandé l'autre jour de commencer à établir entre vous des relations de *confiance* qui n'ont pas encore existé ; je vous ai rappelé qu'un petit nombre d'entre vous s'étaient fait connaître entièrement à leurs PÈRES. De semblables relations, je le sais, ne s'établissent pas à commandement, et cependant, rappeler qu'elles sont la base de notre force religieuse, et que par conséquent il dépend de vous de donner à notre famille cette puissance, c'est contribuer à les faire naître.

Quelques-uns d'entre vous sont venus à moi de-

1. Voir les prédications de Transon et de Laurent, du 11 décembre.

puis lors ; je ne sais si d'autres se sont approchés des membres du COLLÉGE, pour leur confesser leur vie ; je vous engage tous à le faire promptement. Nous allons entrer dans une carrière souvent douloureuse, et dans laquelle il faudra apporter le courage que l'homme isolé n'a jamais.

J'avais également demandé, dès notre première réunion, que vous fissiez un retour sur votre *science*, et que vous vous occupassiez d'enchaîner dans votre esprit les transformations diverses que notre DOGME avait subies, depuis les ouvrages de SAINT-SIMON jusqu'à nous ; et je vous avais annoncé qu'après quelques séances, je verrais, par des questions que je vous adresserais sur le sujet de ces séances, si vous aviez l'habitude de manier les trois formes de l'ÊTRE, les trois faces de la TRINITÉ, et si vous rattachiez la phase actuelle aux phases précédentes.

Nous aurons donc, dans les séances qui vont suivre, à nous occuper simultanément de votre *science* et de votre MORALITÉ ; et pour atteindre ce double but, dès aujourd'hui même, nous commencerons à lever quelques-unes des objections qui pourraient se présenter à vos esprits, sur les questions *dogmatiques* ou MORALES qui ont été exposées devant vous dans nos réunions.

Si quelques-uns d'entre vous n'ont pas bien saisi particulièrement les questions MORALES, il faudrait qu'ils me présentassent de suite leurs difficultés, et qu'ils me demandassent des éclaircissements que bientôt ils seront obligés de donner eux-mêmes au public, lorsque nous entrerons dans la voie de l'*enseignement*. Mais auparavant, j'ai besoin d'expliquer une phrase que j'ai prononcée dans une des séances précédentes, et qui, d'après ce que j'ai appris, a été mal interprétée par quelques-uns d'entre vous, à cause de l'ambiguïté que renferment pour nous les mots de PÈRE et de *fils*.

Lorsque j'ai parlé des relations du PRÊTRE et de la PRÊTRESSE avec le *fidèle* ou la *fidèle*, pour faire comprendre ma pensée par un exemple frappant, j'ai dit que, si un de mes *enfants* était livré à un dérèglement *charnel* menaçant pour sa vie, je concevais que sa MÈRE, la PRÊTRESSE, employât pour le sauver tout ce que lui inspirait son amour de MÈRE, et que là, comme partout où il s'agissait de l'influence de la FEMME, moi HOMME, je ne mettais aucune limite à son action toute *médicinale*. On a entendu que je voulais parler d'un de mes *fils* selon la *chair*, ce n'était pas du tout ma pensée. D'autres difficultés se sont souvent rattachées, dans la doctrine, à l'emploi de ces mots PÈRE et *fils*;

cependant, malgré le développement MORAL que la doctrine accomplit en ce moment, ces mots y restent, et la raison en est simple, c'est qu'ils sont entrés pour quelque chose, pour beaucoup même, dans ce dernier progrès ; et je suis bien aise que cette rectification de ma parole me fournisse l'occasion de nous arrêter un instant sur leur convenance. Sans doute, il y a quelque chose de faux dans l'emploi de mots anciens, avec une acception qui désigne des relations si différentes de celle qu'ils indiquaient autrefois, et qu'ils indiquent encore dans le monde qui nous entoure. Mais il en est ainsi de tous les mots dont nous nous servons, car nous voulons fonder une société nouvelle, c'est dire une langue nouvelle, et pourtant nous employons la langue ancienne; et d'ailleurs ne pas comprendre l'avantage qui accompagne et compense largement les inconvénients de cette confusion des deux paternités, ce serait ne sentir la HIÉRARCHIE que sous son point de vue d'*utilité*, et non sous son point de vue de TENDRESSE et de BONTÉ.

C'est parce qu'aucun des mots tels que *chef*, *maître*, *patron* même, qui dans le passé désignaient le *supérieur*, ne peut remplacer le nom de *Père*, pour expliquer l'amour bienveillant qui unit à l'*inférieur*, à l'*élève*, celui qui commande et enseigne, que ce nom de PÈRE a été employé, et certes le jour où, pour la première fois, il a été prononcé parmi nous, nous avons fait un grand pas : c'est EUGÈNE qui nous l'a fait faire.

Depuis quelque temps nous avons touché des questions si vives, nous avons abordé des sujets si délicats qu'une transformation générale de vos sentiments s'opère nécessairement en vous, à mesure que vous vous assimilez les principes nouveaux que je vous expose, à mesure que vous en déduisez vous-mêmes les conséquences. Pour que cette assimilation s'opère convenablement, vous savez qu'il est une condition indispensable que vous avez remplie à chacun de vos progrès précédents ; il faut *donner* vous-mêmes ce que vous *recevez* de moi, le *donner* selon la *forme* qui vous est propre; alors seulement l'assimilation est vraiment opérée, *le* VERBE *s'est fait* CHAIR. Et toutefois, quoique vous n'ayez pas encore *professé*, *enseigné*, les idées nouvelles, vous les avez tellement *discutées* entre vous que l'*incarnation* s'avance, et surtout que vous devez pouvoir formuler facilement les difficultés qui vous arrêtent ; et sans aucun doute vous devez en rencontrer, car l'œuvre de régénération MORALE ne s'accomplit pas sans déchirements MORAUX et *intellectuels*, et il s'agit pour vous tous aujourd'hui d'une rénovation complète de toutes les idées que vous vous êtes faites jusqu'ici des relations MORALES de l'avenir.

Que celui donc, qui ne se sentirait pas sûr de ses idées sous ce rapport, me le dise; prenons cette habitude dès aujourd'hui, parce que, dans la voie où nous entrons, je ne veux plus, comme je l'ai fait jusqu'ici, parler SEUL dans nos réunions, je désire au contraire que vous parliez plutôt quelquefois entre vous et devant moi; pour en venir là, commencez par vous adresser à moi.

Ainsi, qui de vous, en ce moment, a quelque chose qui le gêne, soit sur la MORALE, soit sur la nouvelle manière d'envisager notre *dogme trinaire*, soit sur la nouvelle physionomie donnée à l'*histoire* pour compléter notre ancien point de vue, soit enfin sur les questions qui toucheraient à notre *hiérarchie* actuelle? Que celui-là me demande les explications qu'il désire; nous entrerons ainsi sur le terrain VIVANT de l'avenir; je cesserai d'entendre ici une seule voix, la mienne, vous aurez tous manifesté en vous le VERBE nouveau.

LAPORTE. — Mon PÈRE, il y a, dans la doctrine, deux opinions très-différentes sur les nouvelles idées MORALES; les uns pensent que chaque *nature* devra se développer en se rapprochant de l'autre, mais sans jamais arriver à s'y confondre. D'autres pensent au contraire qu'il n'y a pas *deux natures* différentes, qu'il y a seulement, dans la constitution actuelle de la société, un vice qui, s'opposant au *classement selon la capacité*, développe, chez certains individus mal *classés*, le besoin de la *mobilité*, mais que la tendance de la société future, principalement à cause du soin que l'on prendra de donner à chacun la place qui lui convient, doit être de confondre les natures différentes (en apparence) en une seule qui est la nature *constante*, *immobile*. Je vous prie de vouloir bien nous donner quelques explications sur ce point.

Le PÈRE. — Cette objection nous sera très-souvent adressée, aussi est-ce précisément sur elle que nous nous sommes si longuement arrêtés dans notre dernière réunion. Pour y répondre aujourd'hui, je vais donc, en quelque sorte, résumer la séance précédente; j'ajouterai ensuite quelques arguments à ceux que je vous ai donnés.

D'abord, je vous ai fait sentir l'impossibilité de discuter sur quoi que ce soit, si l'on n'admet pas les mêmes AXIOMES; et j'ai montré que la discussion avec un homme qui n'admet pas notre TRINITÉ

MORALE ressemblerait à des débats sur l'incarnation du Verbe entre un CHRÉTIEN, et un PAÏEN qui n'aurait pas admis le dogme trinaire PÈRE, FILS et SAINT-ESPRIT.

Ensuite j'ai rappelé que pour toute espèce de *choses*, d'*idées* et d'ÊTRES, nous avons reconnu jusqu'ici qu'il y avait *trois* aspects, *trois* formes, selon lesquels ces *choses*, ces *idées* et ces ÊTRES pouvaient être AIMÉS, *observés, cultivés;* qu'ainsi ne pas admettre aujourd'hui *trois* natures distinctes dans l'ordre MORAL, ce serait annuler tous nos travaux PHILOSOPHIQUES et POLITIQUES. Or cet argument doit être le plus puissant à l'égard des membres de la famille.

Mais ce n'est pas assez de cette double fin de non-recevoir; car c'est à nous à faire sentir pourquoi nous divisons ainsi l'être essentiellement un, l'homme, l'humanité, le monde, TOUT CE QUI EST enfin, pour nous en *rendre compte*, autant qu'il est donné à l'homme, être *fini*, de se rendre compte de CE QUI EST, c'est-à-dire d'une manière incomplète.

Je vous ai donc rappelé divers moyens que nous avons déjà employés bien souvent, pour faire comprendre l'utilité et la nécessité de nos divisions radicales; mais je me suis surtout appuyé sur l'exemple des deux problèmes semblables, en POLITIQUE et en PHILOSOPHIE, je veux dire celui de l'*autorité* et de la *liberté*, et celui de l'*identité* et de la *différence*.

Alors je suis remonté à la source de la difficulté que l'on nous fait, lorsqu'on nous conteste l'existence des *deux natures ;* personne en effet ne nie qu'il y ait des êtres *mobiles* et des êtres *constants ;* seulement on prétend que les premiers se convertiront à la vertu des seconds, mais non les seconds aux qualités des premiers ; et cela tient à ce que l'on ne peut pas admettre qu'il y ait *deux* routes *également bonnes* pour conduire l'être imparfait vers la PERFECTION, l'HOMME vers DIEU ; et pourtant cette nécessité du *dualisme* dans sa marche progressive ressort avec évidence pour l'homme de sa qualité d'être *imparfait.*

Pour le prouver, j'ai pris un de ces exemples frappants du double sentiment, en apparence contradictoire, qui anime l'homme normal dans une société bien constituée, celui de *l'autorité* et de la *liberté*, dont la traduction métaphysique se trouve dans ces mots *identité* et *différence ;* et j'ai fait voir que l'illusion de nos adversaires provient de ce qu'ils considèrent comme *réalité* actuelle, la *limite* vers laquelle l'humanité marche ; et de ce qu'ils veulent organiser dès aujourd'hui la société comme si cette LIMITE était atteinte. Ils établissent ainsi une *confusion* tout aussi funeste que le serait de notre part une *distinction* ABSOLUE entre les *deux natures*, si nous prétendions que certaines *intelligences* sont tellement *pures* qu'elles sont absolument dégagées de *corps*, et aussi que des *corps* sont absolument privés d'*intelligence*, et que pourtant ces *idées*, ces *esprits* purs ou cette *matière* brute ont une EXISTENCE propre. Nous pécherions alors par excès d'*abstraction*, comme eux par excès de *concrétion*. Nous, au contraire, nous ne distinguons les hommes par des noms différents que pour les *prédominances* que nous voyons exister entr'eux, entre les qualités essentielles que tous possèdent à des degrés différents; mais nous ne concevons pas de *savants* PURS, d'*industriels* PUREMENT industriels; de même, nous ne comprendrions pas la *mobilité* ABSOLUE ou la *constance* ABSOLUE, manifestée par un être *fini*, *imparfait*, qui ne saurait posséder une qualité ABSOLUE.

Et je me suis également servi de notre trinité POLITIQUE : PRÊTRES, *savants* et *industriels;* examinant alors la formule que nous avons si souvent employée pour exprimer, sous ce rapport, la LIMITE du progrès humain, savoir : *l'humanité marche vers l'état* SACERDOTAL ; je vous ai fait voir comment il n'y aurait plus de POLITIQUE possible, si l'on considérait aujourd'hui cette LIMITE comme atteinte, c'est-à-dire si l'on voulait constituer la société comme si tous les individus étaient PRÊTRES.

Mais tous ces préliminaires logiques, je le répète, sont presque uniment des fins de non-recevoir, et cela ne suffit pas, puisque c'est à nous à faire sentir nos AXIOMES, à faire aimer nos PRINCIPES.

Or vous savez par combien de formes, depuis SAINT-SIMON jusqu'à nous, nous avons fait sentir qu'en toute question l'homme pouvait se placer à deux points de vue ; SAINT-SIMON, à lui seul, en a présenté une quantité prodigieuse d'exemples. Ceux que je vous recommande d'employer le plus particulièrement aujourd'hui, sont ceux qui, à l'égard de la personne que vous voulez convertir, vous paraîtront avoir le caractère le plus vivant, soit que vous les choisissiez dans l'ordre des relations de la vie *privée*, soit que vous les preniez dans la *politique*.

Ainsi il faudrait, en quelque sorte, manquer de sens, pour ne pas reconnaître l'existence des *deux natures* dans les relations les plus ordinaires de la vie. Quelle est la *famille* dans laquelle des *diffé-*

rences de caractères n'ont pas introduit quelquefois la désharmonie, uniquement parce que le contact obligé de ces caractères était trop *fréquent*, trop *intime*, tandis que les mêmes caractères, *séparés* l'un de l'autre, se sont estimés, appréciés, souvent même se sont aimés. La solution de ces discordes consiste donc uniquement dans l'art de sentir quels sont les rapports qui doivent exister entre ces *caractères* différents, de manière à pouvoir déterminer la distance de *temps* et d'*espace* qu'il faut mettre entre eux; mais on ne parvient pas à les faire cesser, lorsqu'on veut imposer l'obligation à l'un d'eux de se conformer aux exigences de l'autre; de pareilles conciliations ne sont qu'apparentes et renferment la douleur et la haine.

Quant à la POLITIQUE, vous avez vu dernièrement encore combien cette *division trinaire* nous a été utile, lorsque nous avons voulu embrasser dans un seul système le mouvement progressif de la société européenne; car il nous a fallu, pour cela, assigner un rôle *spécial* à chaque peuple, distribuer les fonctions que ces différents organes du corps social doivent accomplir. Ainsi nous avons vu l'*industrieuse* ANGLETERRE, la *savante* ALLEMAGNE, et, entre elles deux, la FRANCE exerçant, par ses SYMPATHIES plus européennes, plus universelles, une véritable mission SACERDOTALE.

Attachez-vous surtout à faire comprendre que ces divisions n'ont pas pour vous un caractère ABSOLU, qu'elles expriment seulement des *prédominances*, des dispositions *spéciales* à certaine œuvre plutôt qu'à telle autre; et en effet, il est bien évident que, par cette *division* POLITIQUE, nous ne prétendons pas dépouiller entièrement l'ALLEMAGNE de puissance *industrielle* et de SYMPATHIES, et la réduire à n'être qu'une *université* et une *académie;* de même, nous ne refusons pas à l'ANGLETERRE la *science* et la POÉSIE, nous n'en faisons pas seulement une *banque* et un *atelier;* enfin nous ne considérons pas tous les FRANÇAIS comme PRÊTRES, et ne disons pas qu'ils devront s'abstenir de l'œuvre *scientifique* et du travail *industriel;* nous n'avons pas même besoin de prendre une loupe pour distinguer, dans chacune de ces trois nations, les trois éléments capitaux de la vie sociale ; mais je le répète, nous signalons ainsi des *prédominances* qui facilitent une division du travail.

Je viens de vous parler de la *famille* et de l'état des relations entre *individus* et entre *peuples*, de MORALE et de POLITIQUE, parce que je veux vous rappeler sans cesse que si vous ne parvenez pas à convaincre vos adversaires par des arguments choisis dans l'un de ces deux ordres d'idées, il faut immédiatement traduire votre pensée dans l'autre ordre, et quitter les relations *intimes*, les observations MORALES sur l'homme *individuel*, pour vous transporter sur le terrain des relations *sociales*, des intérêts *généraux*, et réciproquement. Vous le voyez, cette double forme d'argumentation est encore une preuve de plus de la réalité des *deux natures*.

Au reste, vous aurez encore un autre argument à employer, si cette objection vous est faite par un homme qui prétendrait d'ailleurs avoir renoncé à la foi CHRÉTIENNE, or, ces hommes sont nombreux aujourd'hui; voici cet argument. En admettant une seule nature *sainte*, une seule forme régulière de développement pour l'être *fini*, il faut retomber nécessairement dans la foi CHRÉTIENNE, c'est-à-dire dans le dualisme du sacré et du profane, quand bien même on reconnaîtrait qu'il n'y a pas de réprobation *éternelle*, et que tous, un jour, seront élus, c'est-à-dire que tous seront un jour convertis à la nature sainte. Tel est au reste le caractère de quelques sectes CHRÉTIENNES qui ont repoussé l'idée des peines *éternelles*, et qui ne reconnaissent cependant comme *sainte* qu'une seule nature, la nature *spirituelle.* Malgré leur tolérance apparente, basée sur leur espoir en une *élection* définitive, à laquelle TOUS sont *appelés* et où TOUS seront *admis,* il n'en résulte pas moins une véritable exclusion du SANCTUAIRE, pour ceux qui, dans leur vie présente, sont encore éloignés de ce type de sainteté *spirituelle;* exclusion qui n'est peut-être pas toujours volontaire, de la part des sectaires, mais qui n'en existe pas moins, parce que leur dogme *unitaire,* aussi bien que leur pratique *mystique,* les empêche d'avoir prise sur les êtres dont je parle, en qui la *chair* est plus puissante que l'*esprit.* Aussi ces différentes sectes n'ont-elles pas pu *comprendre* mieux que le CATHOLICISME, l'humanité antérieure à JÉSUS, l'humanité PAÏENNE, et il leur est impossible (bien plus encore qu'au CATHOLICISME, car la *pompe* du CULTE leur manque, et elles ne savent pas parler aux SENS) de S'ALLIER aux peuples qui se développent en dehors du christianisme, à l'ORIENT par exemple. Et si elles ont un peu plus de succès en Amérique que partout ailleurs, c'est que, dans ce pays, la vie *privée* et la vie *publique* sont tellement saturées des *intérêts* d'une *industrie* sans MORALE, le peuple américain est tellement encore un germe, une *chair* sans VIE pour ainsi dire, que, par réaction, la MO-

RALE qui se présente sous une forme *mystique* est providentiellement indispensable, dans ce pays *matérialisé*, et par conséquent se trouve bien accueillie par ce peuple très-*positif*.

Mais en voilà suffisamment sur cette question, car je désire vous entendre parler, et je m'aperçois que je garde seul la parole.

Laporte. — PÈRE, comme je ne vous ai pas soumis une objection, qui fasse difficulté pour moi, je crains d'avoir incomplétement présenté la pensée de la personne qui me l'a faite à moi-même.

Le PÈRE. — Est-ce quelqu'un ici présent?

Pleyx. — Oui, PÈRE, c'est moi.

Le PÈRE. — Eh bien! Êtes-vous satisfait des nouveaux éclaircissements que je viens de donner?

Pleyx. — Ce n'est pas sur ce que vous avez dit que porte mon objection.

Laporte. — PÈRE, je vais présenter cette objection sous d'autres termes. *Pleyx* semble croire que toute nature doit se développer par la *constance* et vers la *constance;* il espère que par suite d'un meilleur *classement des capacités*, le *divorce* deviendra progressivement si difficile ou plutôt si peu nécessaire, dans les rangs supérieurs de la société, qu'il aura lieu seulement dans les derniers rangs, où il sera facile au conjoint *progressif* ou *retarda-*

taire de trouver à se compléter, tandis que, dans les rangs supérieurs, les époux divorcés trouveraient bien plus difficilement à combler le vide que le *divorce* aurait causé dans leur existence, car le classement ayant été nécessairement mieux fait dans les rangs élevés, il y aurait moins de désir de se *déclasser*, de *changer* de lieu, de fonction ou d'amour.

Le PÈRE. — Ceci suppose toujours que l'on nie l'existence des *deux natures*, or, je vous ai dit que c'était sur ce point qu'il fallait commencer par s'entendre; car lorsqu'on admet l'existence des deux natures, on conçoit comment il se trouve dans les hauts grades de la hiérarchie sociale des êtres dont la *mobilité* est le signe, qui ont un caractère *changeant*, des goûts très-*multiples*, une vie *agitée, aventureuse, ardente.*

Laporte. — Pour moi, je n'ai jamais nié l'existence des *deux natures*.

Le PÈRE. — Comment concluez-vous que, les *deux natures* existant, les êtres doivent se développer selon une loi *unique?*

Laporte. — Ce n'est pas moi qui ai prétendu cela.

Pleyx. — PÈRE, ce n'est pas là la difficulté que j'ai présentée.

Le PÈRE. — Présente-nous-la toi-même.

Pleyx. — Je n'ai jamais eu la force de parler en public.

Le PÈRE. — Tu es en *famille* ici et non en *public.*

Pleyx. — Cela m'est impossible.

Le PÈRE. — Il faut surmonter cette timidité. Allons, dis.

Pleyx. — Je ne le puis, je vous parlerai en particulier.

Le PÈRE. — Eh bien, soit! nous nous verrons.

Baud. — PÈRE, vous avez dit que le PRÊTRE emploierait son action MORALISANTE dans trois circonstances, celles du *Divorce*, du *Veuvage* et du *Célibat.*

Le PÈRE. — J'ai cité ces trois cas comme exemples.

Baud. — J'ai pris ces exemples aussi pour indiquer plus nettement ma pensée.

Le PÈRE. — Eh bien! as-tu quelque chose à ajouter?

Baud. — Je voudrais savoir si le PRÊTRE aurait toujours une intervention semblable à exercer à l'égard de tous et de toutes.

Le PÈRE. — Sans doute, il exerce continuellement son influence; et c'est pour cela que je l'ai présenté comme le *médecin* MORAL pour toute nature.

Baud. — Mais enfin le PRÊTRE exerce-t-il cette influence, toujours et à l'égard de tous, dans toute l'étendue de la puissance illimitée que vous lui avez donnée?

Le PÈRE. — Je comprends maintenant ta pensée; mais avant d'y répondre directement, j'ai besoin de rappeler le motif qui m'avait fait choisir les trois circonstances que tu citais tout à l'heure, et de revenir aussi en quelques mots sur l'influence MORALE, *spirituelle*, et *charnelle* du PRÊTRE, à l'égard des *fidèles*, parce qu'il me semble que tu es préoccupé de choses que l'on m'a fait dire, mais que je n'ai pas dites.

J'ai présenté l'autre jour ces trois circonstances dans lesquelles l'influence du PRÊTRE est plus facile à saisir, parce que j'aime à lui donner ce caractère *médicinal* qui est très-propre à en faire sentir la MORALITÉ, même à une époque comme la nôtre où le *médecin* n'a pas d'autre MORALITÉ, quand il en a, qu'une MORALITÉ pour ainsi dire *philanthropique*. Ce rapprochement entre l'influence du PRÊTRE et celle du *médecin* est de nature à prévenir des objections qui ne se feraient pas contre un *médecin* aujourd'hui même, pour peu qu'on lui supposât cette moralité que je désignais tout à l'heure; à plus forte raison, on ne les élèverait donc pas contre un homme qui aurait une MORALITÉ bien supérieure à celle du *médecin* de nos jours, une MORALITÉ RELIGIEUSE.

Ces trois circonstances d'ailleurs résument sommairement, d'une manière très-facile à comprendre, toutes idées sur l'influence *charnelle* que le PRÊTRE doit exercer sur les fidèles; mais pour écarter les préjugés qui empêchent d'apprécier cette influence, et qui ont fait donner tant d'interprétations ridicules à mes paroles; je le répète, j'ai besoin de revenir sur ce qui, dans mes *théories* MORALES, doit mettre en garde contre les absurdités qui ont été dites sur l'influence *charnelle* du PRÊTRE.

Il est tout aussi facile, vous ai-je dit, d'ABUSER de supériorité par l'*intelligence* que par les *sens;* la SÉDUCTION de l'*esprit* est aussi dangereuse que celle du corps; on peut rendre un homme esclave, monomaniaque, ou le réduire à la position la plus déplorable ou la plus avilissante, sans employer la moindre SÉDUCTION *charnelle;* c'est ce qui s'appelle JÉSUITISME, CHARLATANISME, CAPTATION; toute objection faite contre l'ABUS D'AUTORITÉ sous le rapport *charnel* peut donc être faite contre l'ABUS de la SUPÉRIORITÉ *spirituelle*, car celle-ci donne tout autant la puissance d'ABUSER· mais rappelez-vous toujours que, par définition, le PRÊTRE est l'homme qui ABUSE le moins et qui USE le mieux.

Certes le PRÊTRE n'exercera pas sa *puissance intellectuelle*, sous les mêmes formes et avec la même intensité sur tous les individus ; il en sera de même de sa puissance *charnelle ;* il ne se conduira pas avec une nature CHRÉTIENNE de la même manière qu'avec une nature PAÏENNE, s'il se livrait à l'*esprit* aussi ardemment avec la nature PAÏENNE qu'avec la nature CHRÉTIENNE, il ferait un acte de parfaite *ignorance;* et de même s'il agissait *charnellement* avec la nature CHRÉTIENNE, comme il agit avec la nature PAÏENNE, il commettrait un acte de prodigieuse *maladresse* ou de *grossière brutalité*.

Et maintenant, je vais répondre à *Baud*. Il demande si le PRÊTRE exercera toujours, et à l'égard de tous, son influence, dans toute l'étendue de la puissance illimitée que je lui ai attribuée. Je réponds : Le PRÊTRE exercera son influence sur toutes les individualités confiées à sa direction, à son amour ; il l'exercera sur chacun *selon la capacité* de chacun. Ainsi la même *réserve*, le même *tact*, qu'il mettra dans l'emploi de sa puissance MORALISANTE sur l'*esprit* faible de certains d'entr'eux, il les apportera dans ses relations avec ceux dont la *chair* est faible. Ses rapports avec ceux qui ne pourront pas porter l'amour de la *science*, seront aussi délicats que les rapports qu'il aura avec ceux qui ne peuvent pas porter l'amour de la *chair*; il donnera à chacun sa mesure, car il est aussi SENSIBLE par l'*esprit* que par la *chair*; loin de blesser, c'est lui qui guérit; il se gardera donc bien de souiller ce qui, dans la *pensée* de l'un, est *pur*, ou de mépriser ce qui, aux *yeux* de l'autre, est *beau*; car il se servira de l'amour de la *pureté* qui est chez l'un, et de l'amour de la *beauté* qui est chez l'autre, pour célébrer la gloire de son DIEU qui est aussi *pur* selon l'*esprit* qu'il est *beau*, *puissant*, *magnifique*, selon la *chair*.

Toute la question est donc de savoir si, comme le PRÊTRE CHRÉTIEN ou comme le PRÊTRE PAÏEN, le PRÊTRE de l'avenir devra *mutiler* l'une des faces de la vie, ou bien les DÉVELOPPER sans cesse et les HARMONISER progressivement l'une avec l'autre.

Dans une de nos précédentes réunions, je vous ai déjà fait remarquer la contradiction manifeste que renfermait l'accusation la plus vive que plusieurs dirigèrent contre moi dans le sein du collége. Ils condamnaient, comme immorale, la règle de conduite que j'ai déclarée être celle du PRÊTRE et la mienne, et qui consiste à développer chacun selon sa nature spéciale, chacune des *deux* faces de la vie étant l'expression du but DÉFINITIF et INDÉFINI du développement humain. Tantôt ils prétendaient que mon système gouvernemental était un système de CAPTATION, de SÉDUCTION; et tantôt au contraire ils m'accusaient de vouloir EXPLOITER, COMPRIMER la portion qu'ils regardent eux-mêmes comme la plus nombreuse de l'espèce humaine, la nature *constante*, en favorisant le développement de la nature *mobile;* ainsi d'une part ils m'accusaient de vouloir faire souffrir cette masse considérable d'êtres à affections profondes tandis que d'autre part ils me reprochaient de vouloir développer les fidèles selon leur nature, ce qui s'applique pourtant aussi bien à ceux qui ont des affections *profondes* qu'à ceux qui ont des affections vives.

Je ne saurais trop vous graver dans le cœur et dans la pensée ce que je sais être la fonction du PRÊTRE, ce que c'est que de développer chacun selon sa nature, c'est là toute la vie nouvelle, arrêtons-nous donc un instant encore sur cet immense sujet.

Toute nature est sainte; tous les êtres ont une même destinée; tous marchent par des routes diverses vers le développement complet, MORAL, *in-*

tellectuel, et *physique* de la vie humaine. Le PRÊTRE devra donc faire suivre à chacun la route qui lui convient, qui est la sienne, et j'ai distingué expressément la fonction du PRÊTRE de celle du JUGE, pour que vous ne confondiez pas celui qui INSPIRE, qui ANIME, qui GOUVERNE selon la foi nouvelle, avec celui qui *règle*, qui *ordonne*, qui *administre*.

Lorsque le PRÊTRE, ai-je dit, a reconnu dans un individu auquel il donne la vie MORALE un foyer d'*exaltation* ou une source de *faiblesse*, le *Juge* vient faire l'*analyse* des actes *bons* ou *mauvais* de cet individu pour l'*approuver* ou le condamner. Vouloir développer une individualité selon la face de la vie que le *Juge* nommera *bonne*, ce serait la disposition d'un PRÊTRE incomplet, d'un SACERDOCE *rationnel*, d'un SACERDOCE qui *analyse*, qui *comprend*, mais qui ne SENT pas, qui n'AIME pas.

Le SACERDOCE AIMANT a puissance de rendre meilleur ce qui est bon et moins mauvais ce qui est mauvais, dans chaque individu, parce qu'il aime l'individu *tel qu'il est*, en sa qualité d'être fini, *bon* ET *mauvais*, mais PROGRESSIF ; parce qu'il l'embrasse dans cette UNITÉ VIVANTE qu'il aime, dont lui-même est aimé, et dont il veut toujours être aimé davantage. Le SACERDOCE AIMANT est donc seul capable de donner, à l'une et à l'autre nature, les garanties de repos et de gloire que chacune d'elles désire ; car, en les développant l'une et l'autre selon leur ÊTRE, qu'il AIME, il est aussi intéressé, par son *propre* AMOUR pour elles que par son désir de conserver sa puissance, par son AMOUR *propre*, à ne pas blesser des affections qu'il sent être légitimes, parce qu'elles sont humaines et qu'elles contribuent, pour leur part, à la marche de l'humanité vers le but définif qu'elle doit atteindre. Loin de vouloir blesser, comprimer, comme on m'en accusait, l'une des *deux natures* au profit de l'autre, il garantit, ainsi que je l'ai dit, OTELLO de la *légèreté* de DON JUAN, et DON JUAN de la *jalousie* d'OTELLO. Mais pour les UNIR dans leur commune affection pour lui, il se gardera bien, LUI, de se modeler sur DON JUAN pour développer OTELLO, ou d'imiter OTELLO pour moraliser DON JUAN. Le PRÊTRE n'agit pas par *antithèse*, ce serait souvent le moyen de se faire *comprendre*, mais ce n'est pas celui de se faire AIMER ; or il faut, avant tout, qu'il soit AIMÉ, pour mériter son nom de PRÊTRE, pour pouvoir MORALISER.

Vous verrez donner à nos idées tant d'interprétations fausses qui tiennent à cette pensée que le PRÊTRE opprimera, vexera les êtres à affections *profondes* (uniquement parce que nous réclamons de lui un égal amour pour les affections *vives*), que je vous engage à fixer particulièrement votre attention sur cet aspect de la LOI VIVANTE.

Hier, dans sa prédication, TRANSON vous a rappelé l'article du *Globe* dans lequel j'ai tracé le caractère du PRÊTRE de l'avenir, du couple; relisez cet article et réfléchissez; mais il ne suffit pas de lire et de méditer, vous n'aurez vraiment conscience de ce que c'est que le PRÊTRE, que lorsque vous-mêmes vous en remplirez les fonctions. Notre vie SACERDOTALE va commencer, et pourtant jusqu'ici, MOI SEUL j'ai rempli ces fonctions parmi vous. Mais il faut que vous vous signaliez vous-mêmes, par l'affection que vous témoignerez à quelques-uns d'entre vous, quels sont ceux qui doivent, les premiers, s'initier à cette mission sainte.

La *confession* est l'élément indispensable de la foi que le PRÊTRE peut avoir en lui-même, et voilà pourquoi je vous la recommande; ce n'est que lorsqu'on a senti les cœurs s'ouvrir pour soi, et que l'on a, comme disaient les CHRÉTIENS, charge d'âmes, que l'on peut oser se dire PRÊTRE. Aucun de vous encore, malgré le lien qui nous unit en un corps, n'a pu sentir ce qu'il y a de puissance MORALISANTE pour un homme, dans la responsabilité que fait peser sur lui la vie d'autres hommes qui se sont confiés à lui. Là est vraiment pour chacun la garantie de sa propre élévation MORALE ; là est ce qui doit donner à l'homme le sentiment d'*indépendance*, de *dignité*, de *liberté*.

L'homme qui aime et respecte l'autorité supérieure dont il reçoit l'inspiration et la règle de ses actes, mais qui sent aussi qu'il sert lui-même d'inspiration et de règle à d'autres hommes; celui-là possède, dans le sentiment de sa propre influence, le mobile et la garantie d'une *noble* dépendance, d'une obéissance *digne*, *élevée*, car il sent qu'il est lui-même une PUISSANCE, qu'il exerce une AUTORITÉ.

Nous l'avons dit souvent, le sentiment de la LIBERTÉ est destructif aujourd'hui de toute idée d'*ordre*, et nie toute espèce d'*obéissance;* c'est que l'*obéissance* est *servilité* pour tout homme qui ne RELIE pas sa vie à la vie de plusieurs autres hommes qu'il inspire, soutient et conseille; mais elle est noble et grande, lorsqu'elle repose sur la conscience ferme de sa puissance *personnelle*, de sa *propre* dignité.

Avez-vous encore quelques difficultés à présenter?

Baud. — Je désirerais être éclairé sur les conséquences des idées MORALES nouvelles, quant à notre conduite actuelle; et savoir comment nous devons nous conduire aujourd'hui dans nos efforts de MORALISATION, pour être en harmonie avec vos idées MORALES d'avenir. Ainsi je conçois bien la fonction du PRÊTRE dans l'avenir, mais il y a, dans cette parole qui révèle un monde tout nouveau, une cause de dissolution complète pour le monde actuel, et nous tomberions dans les conséquences les plus désastreuses, si nous ne considérions pas cette parole comme un *texte mort*, comme une loi qui ne se prête pas aux circonstances *actuelles*, et qui se contente de modifier le présent par son énoncé seul, afin de préparer progressivement les *esprits* à la transformation MORALE qu'elle annonce pour l'avenir.

Le PÈRE. — Oui, c'est cela. Nous avons déjà donné un exemple semblable dans l'ordre POLITIQUE, pour la transformation de la *propriété*. Jamais nous n'avons poussé, nous, hommes du progrès, qui que ce soit à rompre brusquement les liens d'affection qui l'attachaient au monde extérieur; et cependant, très-souvent, si quelques-uns de ces liens avaient été rompus, ceux qui s'en seraient affranchis auraient été à même d'apporter, par exemple, à notre œuvre beaucoup plus de secours pécuniaires qu'ils ne l'ont fait. Au contraire nous avons recommandé, dans l'intérêt même de la doctrine, de faire *comprendre* à ceux qui nous aiment l'utilité et la grandeur de notre mission, mais surtout (quel que soit le résultat de nos efforts sur leur *intelligence*) de leur faire SENTIR, par le redoublement de notre affection pour elles, que nous ne venions pas briser TOUT CE QUI EST, mais au contraire développer tous les germes de PROGRÈS.

A plus forte raison, aujourd'hui que, par l'*affranchissement de la* FEMME, nous touchons à ce qu'il y a de plus intime dans la vie, nous devrons pénétrer dans l'intérieur du foyer domestique, dans le sein des familles, avec bien plus de ménagement et de réserve que lorsqu'il s'agissait d'*argent*. L'œuvre que nous accomplissons présentera des exemples douloureux sous les deux formes, soit d'*abnégation* CHRÉTIENNE, soit d'*impatience* PAÏENNE, et notre situation sera aussi délicate dans le premier cas que dans le second, lorsque nous chercherons à MORALISER, c'est-à-dire d'une part à relever l'*énergie*, la *volonté*, de l'autre à modérer la *fougue ardente*. Là nous verrons des souffrances, plus cruelles même qu'elles ne l'étaient avant notre parole, se continuer par un sacrifice de *patience* méritoire, tandis qu'ici au contraire nous verrons se développer un *désir* brûlant de briser des liens que notre parole aura rendus encore plus insupportables.

Or tu veux savoir, *Baud*, comment, dans la pratique de notre vie apostolique, nous devrons agir à l'égard surtout de ces deux espèces de martyres du monde actuel, car je suppose que tu as en vue notre influence moralisante plutôt dans des familles rongées par de semblables souffrances, que dans celles où, à nos yeux mêmes, une parfaite harmonie semblera exister.

Eh bien, pour rendre en peu de termes et nettement ma pensée sur l'influence que nous aurons à exercer, je te réponds que nous aurons, je le crois, à faire porter le poids de *l'abnégation* CHRÉTIENNE sur des êtres qui manifesteront cependant pour l'avenir des dispositions PAÏENNES bien prononcées, tellement prononcées, qu'une dangereuse réaction serait inévitable, si nous les encouragions à s'abandonner immédiatement à leur véritable nature.

Je crois avoir répondu à toute ta pensée, quoique je ne sois entré dans aucun détail sur les formes de l'action MORALISANTE de notre influence sacerdotale actuelle.

D'EICHTAL. — Il me semble, PÈRE, que l'action du PRÊTRE doit avoir pour but d'harmoniser les deux natures dans chaque individu, en sorte qu'il devra se servir de la faculté de l'*impatience*, non-seulement à l'égard de ceux qui sont *impatients*, mais au contraire chez ceux qui sont le plus portés à *la patience*. Souvent des individus, se trouvant dans une position douloureuse d'abattement, d'atonie, ont besoin d'*excitants* violents; le PRÊTRE doit les administrer.

Le PÈRE. — Ce que tu dis là est vrai, mais surtout pour l'avenir, et encore les exemples que tu cites sont plutôt du ressort du *Juge* que de celui du PRÊTRE ; toutefois il est évident que nous avons à employer deux formes très-distinctes. Le PRÊTRE n'est point un *commentateur* de faits *accomplis ;* il est INSPIRATEUR des choses *à faire ;* il sent à l'avance ce que le *fidèle* est près de sentir; il le lui révèle. Par exemple, pour le *divorce* (et c'est probablement ici le point que *Baud* avait surtout en vue) le PRÊTRE devra, dans certains cas, faire sentir à celui qui, par une temporisation méticuleuse, sacrifierait l'intérêt social ou se sacrifierait lui-même à un autre individu, qu'il importe de sortir promptement de cette position impie; et il l'excitera à prendre une détermination que, sans LUI, le *fidèle* n'aurait pas osé prendre.

Baud. — Vos explications précédentes m'avaient déjà satisfait; mais j'ai trouvé dans les paroles du

PÈRE d'EICHTAL quelque chose de trop absolu. Il me semble du moins qu'en voulant répondre à ma pensée il n'a pas tenu compte de la distinction que j'avais faite; ainsi je n'ai pas entendu parler de l'*avenir*. Il est clair qu'il y aura une confiance dont nous ne pouvons même pas avoir l'idée, lorsque l'HOMME et la FEMME occuperont ensemble tous les degrés de la hiérarchie; mais c'est de l'état de SACERDOCE incomplet où nous sommes, c'est de notre MORALITÉ actuelle, de notre GOUVERNEMENT intérieur même que j'avais entendu parler. Ainsi, tout en acceptant du fond du cœur les idées que vous nous avez exposées, je crois que nous vivons encore des débris de la MORALE CHRÉTIENNE. Or la face du sacrifice ira sans doute en décroissant, mais...

Le PÈRE. — Veux-tu dire que ceux qui partagent notre foi doivent s'imposer le sacrifice, quand leurs progrès exigeraient qu'ils brisassent des individus qui leur sont chers?

Baud. — Non, PÈRE; je vais prendre un exemple qui rendra ma pensée plus claire, mais je déclare à l'avance qu'il n'y a rien de personnel dans cet exemple, et que je n'ai particulièrement en vue aucun fait VIVANT semblable à celui que j'imagine. Je suppose donc qu'un homme et une femme, mariés selon la loi ancienne, se rapprochent de nous; que la femme éprouve une grande confiance pour l'un de nous, et lui confesse qu'elle n'aime pas son mari; et enfin que le SAINT-SIMONIEN éprouve lui-même un attrait individuel pour cette femme, de telle sorte qu'il pourrait, à son insu même, la pousser au *divorce*. Je me demande si celui-là est vraiment PRÊTRE, si c'est en vue du moi...

Le PÈRE (*et plusieurs voix*). — Il n'est pas PRÊTRE.

Baud. — Je prie mes frères de ne pas répondre. C'est à vous, PÈRE, que je m'adresse; je pose nettement les termes de ma demande et je vous supplie de formuler votre réponse. Je demande si un homme qui a la confiance d'une femme mariée peut pousser jusqu'aux dernières conséquences.

Le PÈRE. — Il commettrait là un acte d'immoralité complète.

Baud. — C'est ce que je voulais savoir.

Maintenant je n'ai plus qu'une question à vous faire. Mais je sens que sur cette question, plutôt que sur quelque autre que ce soit, vous pouvez dire qu'il n'est pas temps de répondre.

Je vous prie de nous dire si vous avez, sur l'époque où la FEMME parlera, sur le moment de son avénement à l'autorité suprême, quelque donnée appréciable.

Le PÈRE. — Aucune. — Mais puisque nous sommes sur ce sujet, je dirai quelques mots sur ce que j'ai entendu par ces paroles : *il faut que la* FEMME *parle.*

Il y a beaucoup de femmes qui ont pensé, d'après cela, que je désirais qu'elles parlassent immédiatement ; et vraiment telle n'est pas ma pensée; j'attends même peu de chose, je dois le dire, d'une femme qui parlerait immédiatement sur la LOI MORALE. Les femmes n'ont reconnu jusqu'ici que des *puissances*-HOMMES et jamais de *puissances*-FEMMES ; elles n'ont donc rien pu faire jusqu'à présent comme *corps ;* et pourtant, aujourd'hui, comme elles s'avancent, ainsi que l'homme, vers la HIÉRARCHIE définitive, un des premiers résultats de leurs efforts pour le progrès de notre foi sera certainement de manifester entre elles, sinon une hiérarchie de *droit*, consacrée, formulée, du moins une hiérarchie de *fait*, visible, apparente, dans laquelle une femme, entre toutes, exercera sur toutes et sur vous-mêmes une influence semblable à celle que j'exerce sur vous. Et remarquez bien que la femme qui se posera ainsi, pourra fort bien n'avoir ou presque rien dit sur les relations des

HOMMES et des FEMMES dans l'avenir. Peut-être installera-t-elle sa puissance au milieu de nous, en nous révélant des moyens nouveaux de propagation sur le monde, des formes de CULTE, en nous apportant des ressources financières, sans exprimer, pour cela, une opinion nettement formulée sur la MORALE future; de telle sorte que vous attendriez encore, lorsque déjà elle serait sur le trône papal, que sa première révélation MORALE tombât sur vous. Si, parce que j'ai dit : *il faut que la femme libre parle*, vous avez entendu que dans vos rapports avec les FEMMES vous devez chercher à leur faire dire ce qu'elles pensent sur les relations des hommes et des femmes, cette interprétation est tout à ait puérile. Vous n'avez rien à attendre des FEMMES qui se rapprochent de nous en ce moment pour *causer;* je vous le répète, attendez qu'une femme se manifeste comme puissance ; celle-ci parlera quand il faudra et quand elle voudra.

Gardez-vous donc de tomber dans un vrai commérage, et d'écouter, et surtout de faire raconter tous les petits secrets sur les relations de l'homme et de la femme, dont chaque femme a toujours le cœur plein. L'humanité ne marche pas ainsi. Mais que les actes de votre vie apprennent à toutes les femmes, dans le monde tout entier, qu'il y a une société d'hommes dévoués à l'ASSOCIATION par ÉGALITÉ de l'HOMME et de la FEMME, et, soyez-en sûrs, la FEMME viendra ; et elle parlera, parce que vous aurez préparé le monde à entendre sa parole.

Jusque-là toutes les prévisions pour savoir si elle est loin de nous, près de nous, au milieu de nous; si elle est à Paris, à Londres ou à Berlin, sont des prophéties qui ressembleraient beaucoup à des rêves. Je le répète, il faut que nous ayons conscience d'avoir suffisamment préparé le monde à entendre sa parole.

LAMBERT. — *Baud* m'a paru bien poser le caractère du PRÊTRE actuel ou SEMI-PRÊTRE en indiquant son influence comme principalement de *patience*, et en disant que le PRÊTRE n'aurait sans doute pas à exciter l'*impatience* des couples, comme d'EICHTAL le disait. Je crois en effet que cette distinction est à faire entre le sacerdoce actuel et celui de l'avenir. Ainsi, le PRÊTRE, avez-vous dit, élève l'humilité et abaisse l'orgueil; mais aujourd'hui il me semble que, par cela même que c'est l'HOMME qui appelle la FEMME, l'impatience de la FEMME sera assez excitée ; il me semble dès lors que l'action du PRÊTRE doit être de comprimer son *impatience* de plus en plus, c'est-à-dire de soutetenir en elle la disposition au *sacrifice*, dont parlait *Baud*.

Le PERE. — J'ai dit que l'HOMME, aujourd'hui d'après la LOI MORALE que j'avais annoncée, devait se placer, à l'égard de la FEMME, dans une position *passive;* c'était bien dire que nous devions agir surtout par l'emploi de la *patience* dans toutes nos relations avec les FEMMES.

D'EICHTAL. — J'admets très-bien que notre action doit généralement tendre à la *patience*, mais ce ne saurait être comme le PRÊTRE CHRÉTIEN qui prêchait la *résignation*. Le PRÊTRE CHRÉTIEN avait une promesse de VIE FUTURE, et nous n'avons pas de formule nette de *vie future*. Nous ne pouvons donc pas prêcher exclusivement la *patience*, car nous ne serions pas écoutés ; nous serions même IMMORAUX si nous étions exclusifs sur ce point.

Le PÈRE. — Songes-y bien, cette *patience* que nous nous imposons peut et doit être une *excitation* très-puissante hors de nous ; elle le sera tellement sur certains individus qu'ils y puiseront la force de provoquer à la réalisation de la LOI MORALE nouvelle, pour faire cesser cette douloureuse *patience*. D'ailleurs notre œuvre est d'abord l'*affranchissement de* la FEMME, puis ensuite notre ASSOCIATION par ÉGALITÉ avec ELLE. Commençons donc par consacrer nous-mêmes cet *affranchissement* en nous abstenant de le provoquer par notre influence MALE, et laissant la FEMME briser ses chaînes, quand et comme ELLE le voudra; nous bornant, nous, à répéter, à crier, partout et bien haut, qu'ELLE les brisera.

LAMBERT. — Je comparerais notre influence dans les ménages à celle que nous exerçons sur les PROLÉTAIRES. Nous annonçons aux PROLÉTAIRES leur *affranchissement;* par là nous éveillons leur *impatience*, mais nous ne voulons l'éveiller que d'une manière pacifique, RELIGIEUSE. En vue de l'avenir que nous annonçons, nous prêchons la *patience*, qui est elle-même un moyen de hâter la réalisation de cet avenir.

Baud. — Je pense que lorsque la confiance d'une FEMME est telle qu'elle vous révèle sa désaffection pour son mari, on doit...

MICHEL. — *Baud* ne tient pas assez compte d'une chose. Les mariages sont mauvais aujourd'hui, non parce que les époux sont de natures vraiment antipathiques, mais parce que l'HOMME *exploite* la FEMME. C'est pour cela que le prêtre devra souvent faciliter la désunion, le *divorce;* parce que cette séparation est très-souvent le seul moyen de faire cesser l'*exploitation ;* or c'est l'exploitation qui est la principale cause de souffrance pour la femme, et pour l'homme lui-même.

Baud. — Je crois, comme le PÈRE LAMBERT, qu'il faut agir à leur égard comme à l'égard des oisifs pour l'affranchissement des prolétaires.

BOUFFARD. — Le PRÊTRE doit avoir épuisé tous les moyens de conciliation avant de tendre à la désunion; sans cela nous tomberions dans un gâchis épouvantable.

D'EICHTAL. — Ce peut être, pourtant, un moyen d'excitation, une cause de progrès.

BOUFFARD. — Nous devons consoler et raffermir celui qui *souffre*, et ramener celui qui *exploite* à des dispositions plus douces. C'est seulement lorsque nous aurons épuisé ces deux formes d'action conciliatrice que nous pourrons employer le remède de la désunion.

Le PÈRE. — Ceux qui souffrent et qui ont l'âme élevée, sentent que, leur souffrance étant commune à beaucoup d'autres, ils contribuent au bonheur de ceux-ci, en faisant cesser leur propre douleur. Or l'immense douleur dont nous parlons ici, c'est en effet, comme le disait MICHEL, l'*exploitation* de la FEMME; c'est cette douleur que nous avons spécialement mission, nous hommes, de faire cesser, et nous manquerions à cette mission sainte, si nous ne savions pas tirer parti de l'*impatience*, lorsqu'elle se trouve chez un individu puissant par sa position ou par sa propre valeur, dont l'exemple peut hâter l'*affranchissement de toutes les* FEMMES. N'oublions jamais que notre sollicitude pour des souffrances *individuelles* ne doit pas nous faire perdre de vue les douleurs *sociales*, sans cela nous tomberions au niveau des *philanthrophes à soupes économiques.*

MICHEL. — A ce sujet je rappellerai une chose qui s'est passée dans le COLLÉGE. Le PÈRE BAZARD disait qu'il ne se sentirait pas le courage de faire éprouver à d'autres certaines douleurs *individuelles*, sous prétexte d'une nécessité *sociale.* Je lui fis remarquer que le courage de l'APOTRE SAINT-SIMONIEN n'était pas celui de l'APOTRE CHRÉTIEN; que celui-ci avait eu un courage particulier dont n'aurions guère plus besoin. Ce courage consistait à renverser les autels des faux dieux; alors on le conduisait devant un consul ou un préteur, puis on le mettait à la torture jusqu'à la mort. Quant à nous, nous aurions médiocrement besoin de cette sorte de courage, parce que le genre de torture qui était appliqué à l'APOTRE CHRÉTIEN ne sera probablement pas celui que nous aurons à subir. Ce sera une torture MORALE surtout qu'on nous fera endurer. On nous accusera d'être des hommes immoraux, des hommes durs qui ne craignent pas de blesser, des hommes sans cœur qui écorchent sans pitié, et brisent brutalement tout ce qu'il y a de plus sensible. On nous attaquera dans notre honneur, dans tout ce à quoi l'homme de cœur tient le plus de nos jours. Le genre de courage dont nous aurons surtout besoin, c'est celui qui, dans un but éminemment social, ne recule point devant des douleurs MORALES, même les plus cruelles, lorsqu'elles se rattachent à l'accomplissement d'un PROGRÈS pour la société tout entière, y compris celui-là même qui aura à souffrir.

Le PÈRE. — MES ENFANTS, en voici assez pour ce soir sur ce sujet, très-important quant à notre conduite dans nos relations *individuelles;* si nous nous y arrêtions trop longtemps nous perdrions de vue notre influence *sociale*, et il faut faire marcher, autant que possible, de front ces deux formes de l'apostolat. Les théories MORALES nouvelles ne nous ont pas été inspirées, et je ne vous les ai pas données seulement pour en préparer la réalisation auprès de quelques *individus* qui, par providence, se trouvent être en rapport avec nous. Elles doivent être annoncées au MONDE tout entier, et donner un caractère à notre vie *publique* tout aussi bien qu'à notre vie *privée*. D'ailleurs nous pourrons revenir, dans les réunions suivantes, sur les questions relatives à notre influence sur les *individus* qui nous touchent de plus près. La première séance sera encore consacrée à des éclaircissements semblables à ce qui a eu lieu ce soir.

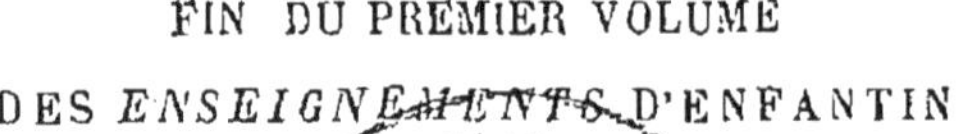

FIN DU PREMIER VOLUME

DES *ENSEIGNEMENTS* D'ENFANTIN

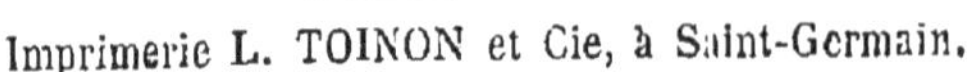

Imprimerie L. TOINON et Cie, à Saint-Germain.

www.ingramcontent.com/pod-product-compliance
Ingram Content Group UK Ltd.
Pitfield, Milton Keynes, MK11 3LW, UK
UKHW022040190726
13855UKWH00002B/374